The Complete Guide to Disco Dancing
UNI_JOY
oy City X Modern Sky
cotton
linen
silk
leather
shoes
accessories
Alienware
shirt
glasses
personal care
pants
大悦城
JOY CITY
4F
M-BLOCK
MODERNSKY
DENOMINATOR
intelligentsia
Strawberry Music Festival
UFO CATCHER 8
GAME
NASA
game+
STREETWEAR Co.
N
40.1°
U0921455

MODERN SKY

ZERO

東京
ファッションマップ
东京潮流地图
A MAP OF TOKYO STREET TRENDS

摩登天空传媒 编著

上海文化出版社

图书在版编目(CIP)数据

东京潮流地图 / 摩登天空传媒编著 . -- 上海 : 上海文化出版社, 2020.3
（摩登天空）
ISBN 978-7-5535-1810-7

Ⅰ. ①东… Ⅱ. ①摩… Ⅲ. ①东京一概况 Ⅳ. ①K931.3

中国版本图书馆CIP数据核字(2019)第234174号

出 版 人：姜逸青
联合策划：摩登天空传媒
联合天际 · 艺术生活工作室
责任编辑：顾杏娣
特约编辑：徐立子　谭秀丽
装帧设计：寇　帅　韦　莹
排版制作：MVM design label_

书　　名：东京潮流地图
作　　者：摩登天空传媒
出　　版：上海世纪出版集团　上海文化出版社
地　　址：上海市绍兴路7号　200020
发　　行：未读（天津）文化传媒有限公司
印　　刷：雅迪云印（天津）科技有限公司
开　　本：787×1092　1/16
印　　张：11
版　　次：2020年3月第一版　2020年3月第一次印刷
书　　号：ISBN 978-7-5535-1810-7/K.209
定　　价：68.00元

关注未读好书

未读 CLUB
会员服务平台

本书若有质量问题，请与本公司图书销售中心联系调换
电话：(010) 52435752

未读 ADR | 生活家

CONTENTS 目录

A MAP OF TOKYO STREET TRENDS

微信扫码关注
摩登天空 ZERO
订阅号
获取更多

Published by Modern Sky Communications 出品
北京摩登天空数字传媒科技有限公司
Address 地址
北京市朝阳区广渠路 1 号创 1958 园区 3-12
Building 3-12, Chuang 1958 Park,
No.1 Guangqu Road, Chaoyang District, Beijing
Publisher 出版人
沈黎晖 Lihui Shen
General Manager 总经理
陶雷 Raymond Tao
副总经理
孔煜 Denny Kong

Editor In Chief 主编
伍叁伍伍 & 王硕
WUSANWUWU & Shuo Wang
Senior Editor 资深编辑
王怡芳 Lemuria
Guest Editor 特邀编辑
杨一柳 Yiliu Yang
徐晴 Qing Xu
Guest Photographer 特邀摄影
藤田祐希（内文）Fujita Yuki
陶雷（内文）Raymond Tao
韩硕（封面 / 内文）Shuo Han
Cover 封面人物
洼冢洋介 Kuboduka Yousuke

Senior Promotion Manager 高级运营策划经理
高志远 Zhiyuan Gao
Media Promotor 媒介策划
王子杰 Zijie Wang
Events Director 活动主管
杨梦迪 Mandy Yang
Events Commissioner 活动专员
冀晓蓉 Xiaorong Ji

New Media Editor 新媒体编辑
李起帆 Qifan Li
孙天硕 Tianshuo Sun
段璋珮 Zhangpei Duan

Visual Design 视觉设计
MVM
Art Director 美术总监
李帅 Shine Li
Art Editor 美术编辑
韦莹 Ying Wei
寇帅 Song Tang
Assistant Art Editor 助理美术编辑
周明楷 Mingkai Zhou
娄芳鸣 Fangming Lou
王佳欢 Jiahuan Wang
刘文龙 Loong Liu
张雷 Lei Zhang
贾欢 Huan Jia

Video Director 视频主管
于绍元 Shaoyuan Yu
Cinematographer 摄像剪辑
陈翔 Xiang Chen
莫增懿 Zengyi Mo

Vice Business Director 商务副总监
徐婳 Michelle Xu
Business Manager 商务经理
林晓榆 Sherry Lin
李沛 Pei Li
祝萌 Meng Zhu
Business Commissioner 商务专员
徐子尧 Ziyao Xu

Business Cooperation 商务联络
孔煜 Denny Kong
kongyu@modernsky.com

Pet Shop COO&RIKU
Spain-zaka
CAT RABBIT CAFE
Karaoke Entertainment BIG ECHO
カラオケ
Karaoke Entertainment
BIG ECHO
くつろぎの里 庄や 渋谷店
☎3496-4811
御宴会・御予約承ります 5名様～80名様
CURRY HOUSE CoCo壱番屋
Good smell, Good curry
CoCoICHIBANYA
Prédia
ALBION
FesKARA ROOM

MODERN SKY ZERO

MAR.2020
VOL. 16

TOKYO TRENDS HOT

卷首语

东京·潮流·热

“潮流”一词放在今天已经可以望文生义了:“潮”即年轻和前沿，“流”即流行。街头的孩子们把自己的喜好、想法、态度甚至不满穿在身上，用来自音乐、电影乃至日常生活的灵感组织起专属的服装宣言，宣示着自己的存在，也寻找着自己的同类——其实从嬉皮时代的扎染衬衫、鲜花发带到朋克时代的鸡冠头和刀片锁链配饰，再到经典嘻哈时代的宽大 T 恤和球鞋……不同时代的青年正是这样在世界面前亮相的。某种程度上，“潮流”几乎等同于青年文化。

东京是日本的首都，也是风靡世界的“日潮宇宙”的中心地带，这本《东京潮流地图》的采访过程让我们大开眼界，各种“潮流话事人”的光环背后是一个个真实的自我，每一天都像在发现全新的大陆，感动和惊喜时时伴随我们：印第安风格手工银饰品牌 Stop Light（红绿灯）的主理人高山隆已经年届七旬，他本人始终身着美式牛仔衬衫、裤装和皮靴，工作室不装空调、拒绝使用移动电话，身体力行保持着一份纯粹；热门潮牌 Wacho Maria（华柯·玛丽亚）除品牌门店“天国东京”之外，还有一档相当热门的音乐播客和派对品牌；精品古着店 Trumproom（川普俱乐部）的店主松村逸夫坐在自己经营的复古风格俱乐部的沙发上，轻描淡写地向我们介绍着早已被外界奉为传奇的里原宿潮流历史以及那些来他这里想通过复古服饰寻找灵感的大牌设计师；潮牌 FR2 的主理人坚决不答应拍摄他本人的脸，他认为通过自己的店和陈设其中的各种单品才是认识他的正确方式；通过各种联名行动红透社交网络的潮牌 Girls Don't Cry（女孩别哭）的主理人弗迪（Verdy）的专访则是我们在涩谷的夜店偶遇得来的……

另一些名字可能会让你更兴奋：不喜欢自己电影明星身份的朋克乐队主唱浅野忠信、身兼演员和音乐人双重身份的潮牌带货王洼冢洋介、风头最劲的嘻哈组合円都（Yentown）的女主音阿维驰（Awich）、当红说唱歌手北冈健太（Anarchy）……这些身处流行文化之中的当红偶像眼中的潮流，可能跟你想象的大不一样。不光是潮牌服饰店和集合店，各种唱片店、酒吧、俱乐部甚至理发店，都是你发现潮流背后文化动力的好地方。

盛夏的东京，天气非常热，全部采访几乎是流着汗完成的。你会发现串起整本书潮牌探访部分的并非人类，而是来自摩登天空旗下视觉厂牌 MVM 的跨次元虚拟人物——星际动力别动队（I.M.O.）中的瑞兹（Rez）和羽可（Yuko），对于从太空“降落”的他们来说，东京的一切都是最新鲜的；而我们在当地的采访向导则是潮牌 LOOSE 的主理人欧子和五十岚拓步（Txbone），他们是当下东京潮流景观的见证人，更是像夏天一样火热的潮流文化中的亲历者。

在东京的最后一天晚上，我们参加了设计师修（HUE）主理的潮牌 Deluxe 实体门店的结业派对——他之后将更专注于设计本身。在派对上，我们看到了这些天采访的大部分主理人、店主和店员，大家脸上看不到一丝沉重，而是聚在一起轻松地聊天和喝酒，就像在每个有音乐、啤酒和好朋友的派对上那样。在那里，潮牌的更替就像空气和水一样寻常，潮流的血液就这样以极快的速度新陈代谢。

希望有缘读到这本《东京潮流地图》的朋友跟着我们的视角去发现东京当下的潮流，更希望大家带上这本“地图”和好奇的眼睛，去到那里亲手触摸东京这颗潮流的心脏。

伍叁伍伍

流行は色あせない

流行不褪色
——日本潮流简史

在日文中，"音乐"读作"ongaku"，直接翻译过来可以理解为"令人舒适的声音"。日本的音乐和他们的潮流相似，也是一种折中文化，最初借鉴中国、韩国和印度尼西亚等邻国的乐器和风格，后逐渐融入西方音乐风格，如爵士、民谣、摇滚、朋克、电子和雷鬼，再到如今大热的嘻哈。日本的音乐和潮流从业者们以传统和历史作为根基，将不同的风格融合、拆分，创造出独有的 J 字头音乐和属于自己的时尚体系，成熟的偶像文化链条也让音乐

潮流关键词 · UCLA STYLE · HEAVY DUTY · OUTDOOR STYLE · FOLKLORE ·

1976 — 1979

TREND IN JAPAN BETWEEN 1976—1979
*KEYWORDS:

PERIOD: 1976—1979
NO.

TREND
MODERN SKY ZERO
トレンドキーワード
MADE IN JAPAN

20 世纪 70 年代末的日本街头欧美风正盛，年轻人热爱网球和冲浪，美国当时盛行的嬉皮士运动和反战运动也同样影响了日本，融入了世界各地民族风格的服饰也开始流行。此时，年轻人试图放弃前几代人的价值观并采取对抗态度，倡导新风格，在穿着上体现为美式学院派（UCLA STYLE）和西海岸运动风（SURF STYLE），这个年代的女孩则热爱男性风（MANNISH STYLE）和嬉皮打扮的民族风（FOLKLORE）。

音乐关键词 · SYNTH-POP · J-ROCK · ELECTRO · DISCO · HIP-HOP · SYNTH-PO

MUSIC IN JAPAN BETWEEN 1976—1979
*KEYWORDS:

PERIOD: 1976—1979
NO.
MADE IN JAPAN

MUSIC
MODERN SKY ZERO
キーワード

朋克场景在日本存在的时间与美国一样长，经历了各种轮回，不同的风格和音调出现、消失、重现。而早期的日本摇滚形式比较单一，后逐渐从简易编曲的伴奏转移到较复杂、华丽的编曲风格，并且在 20 世纪 70 年代开始引入电子合成器，纯传统乐器演奏形式渐渐被取代。黄色魔术交响乐团（Yellow Magic Orchestra）的成功为合成器流行乐队开辟了道路，如 P 模型（P-Model）、塑料（Plastics）和黑卡树（Hikashu）等。

潮流关键词 · TAKENOKO ZOKU · ROCKABILLY · KARASU ZOKU · DC BOOM

1980 — 1989

TREND IN JAPAN BETWEEN 1980—1989
*KEYWORDS:

PERIOD: 1980—1989
NO.

TREND
MODERN SKY ZERO
トレンドキーワード
MADE IN JAPAN

日本经济繁荣的 80 年代，本土设计师川久保玲和山本耀司惊艳了巴黎时装周，也同样火遍了原宿的大街小巷，崇拜酷黑的"乌鸦族"风头正劲。此时的 DC（DC 代表"设计师"或"角色"）热潮，是第一个源自日本的时尚潮流，而非基于对海外时尚风格的模仿。同一时期，伦敦的朋克风格东渡到了日本，以一种更休闲的方式被日本年轻人所接受。到 20 世纪 80 年代末，风潮则转向了成熟和稳定，涩谷休闲开始在涩谷地区的高中生和大学生群体中流行。

音乐关键词 · CITY POP · PUNK · J-ROCK · HIP-HOP · NEW WAVE · CITY PO

MUSIC IN JAPAN BETWEEN 1980—1989
*KEYWORDS:

PERIOD: 1980—1989
NO.

MUSIC
MODERN SKY ZERO
キーワード
MADE IN JAPAN

随着朋克热潮的结束，音乐和时尚进入了新浪潮时代。 表达音乐本质的时尚变得流行起来，二者相辅相成。城市音乐则在稍后期兴起，以大都市（一般常被认为以东京为蓝图）中的繁忙、疏离感、纸醉金迷为主题。这一时期对于 J-Pop 的发展尤为重要。1983 年，嘻哈这个概念被原宿时尚教父、DJ 藤原浩从美国带回了日本。同时当年的两部电影《闪电舞》（*Flashdance*）与《狂野派》（*Wild Style*），使得霹雳舞也开始风行日本。

日本の流行は簡単だ

和时尚潮流进一步捆绑贩售。而街头时尚一向擅长在音乐、体育和流行文化中汲取养分，用服装表达个人价值观，虽然风潮一波接着一波，但涩谷大街上闪耀着的年轻面孔却一直都很艳丽，好像在用音乐、妆容和衣着对生活大声说着“我热爱，我喜欢，我要成为自己”。年轻人总是要向前看的，但不意味着他们脑袋后面没有眼睛——过去依然值得注目。在时尚风格轮番复古翻新的当下，此时和彼刻的区别，也许并没有我们想象的那么大。

BOY · DISCO STYLE · SURF STYLE · NYUTORA · HAMATORA · CITY BO

日本嬉皮穿着的年轻人
Young people dressed in hippie clothes in Japan

美式摇滚以山崎经营的 CREAM SODA 最为盛行
American Rock: CREAM SODA by Yamasaki is the most popular

阿美咔叽风格
May khaki style

70 年代嬉皮风
The hippie 70s

J-ROCK · ELECTRO · DISCO · HIP-HOP · SYNTH-POP · J-ROCK · ELECT

约翰·列侬与小野洋子
John Lennon & Yoko Ono

硬派摇滚西城秀树
Hideki Saijo in hardrock style

泽田研二
Kenji Sawada

西城秀树
Hideki Saijo's 70s look

NKS · BIG SHOULDER LOOK · HIP HOP · SHIBUKAJI · SPORTY FASHION

以全黑装扮亮相的乌鸦族
KARASU ZOKU

日本朋克
Japanese punk style

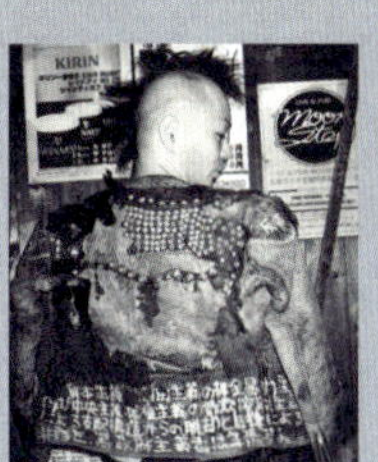

川久保玲
Rei Kawakubo

皮衣装扮的川久保玲
Rei Kawakubo in leather

PUNK · J-ROCK · HIP-HOP · NEW WAVE · CITY POP · PUNK · J-ROCK

工藤静香
Shizuka Kudo

藤原浩
Hiroshi Fujiwara

中森明菜
Nakamori Akina

电影《闪电舞》
The movie *Flashdance*

潮流关键词 · THE ANTWERP SIX · COUNTRY STYLE · FRENCH CASUAL · MILITAI

1990 — 1999

TREND IN JAPAN BETWEEN 1990—1999
*KEYWORDS:

PERIOD: 1990—1999
NO.

TREND
トレンドキーワード
MADE IN JAPAN

随着泡沫经济的消失，20 世纪 90 年代的日本潮流也从华丽过渡到低调。这是街头潮牌快速成长的十年，里原宿文化（URAHARA MOVEMENT）进入全盛期，藤原浩的 #GOODENOUGH 和 NIGO（长尾智明）的 #A BATHING APE 甚至被欧美年轻人所追逐。此时，受俱乐部音乐的影响，20 世纪 70 年代的时尚复古风变得流行起来，日本各地的二手服装店数量不断上升，越来越多的年轻人迷上了报童帽、贝雷帽、圆头鞋和围巾等配饰。

音乐关键词 · GRUNG · NEW VINTAGE · J-POP · J-ROCK · VISUAL KEI · SKA

MUSIC IN JAPAN BETWEEN 1990—1999
*KEYWORDS:

PERIOD: 1990—1999
NO.

MUSIC
MODERN SKY ZERO
キーワード

传奇乐队涅槃（Nirvana）的流行使垃圾摇滚变成一种代表性的风格，20 世纪末流行的新复古（New Vintage）又掀起复古新潮。同时，J-Pop 因为卡拉 OK 的流行在 20 世纪 90 年代到达极盛的状态。月之海（Luna Sea）等视觉系乐队也在 20 世纪 90 年代末取得了商业上的成功。此时，音乐市场越来越大，音乐风格越来越多样化，竞争也愈发强烈。第一届富士音乐节（ Fuji Rock Festival）和旭日摇滚音乐节（Rising Sun Rock Festival ）分别在 1997 年和 1999 年开幕，随后，夏日音速音乐节（SUMMER SONIC）于 2000 年开幕。

潮流关键词 · UK SKATER STYLE · NEW GRUNGE · UNDERWEAR STYLE · LON

2000 — 2009

TREND IN JAPAN BETWEEN 2000—2009
*KEYWORDS:

PERIOD: 2000—2009
NO.

TREND
MODERN SKY ZERO
トレンドキーワード
MADE IN

21 世纪的日本街头审美更加多元，以往的各种风格继续发展、融合。此时，在 20 世纪 80 年代后期和 90 年代初赶时髦的年轻人已步入社会，开始消费轻奢品牌，并引入高街时尚的概念。盖普（GAP）和优衣库在东京市中心开业，为便宜但设计感十足的服装铺平了道路。2005—2009 年经济有所回暖，出现了遵循海外潮流的名流风格。与此同时，电子音乐的流行也影响到了年轻人的穿衣打扮，潮人们会选择带有强烈个人特色、以夸张的首饰和随意叠穿的轻便布料为特征的服饰进行搭配。

音乐关键词 · J-POP · HIP-HOP · NEW GRUNGE · INDIE ROCK · SHIBUYA-KEI

MUSIC IN JAPAN BETWEEN 2000—2009
*KEYWORDS:

PERIOD: 2000—2009
NO.

MUSIC
MODERN SKY ZERO
キーワード
MADE IN JAPAN

J-Pop 继续成为主流，并成为日本最流行的音乐风格，日本流行音乐的受欢迎程度继续在亚洲和世界其他地区扩大，R&B 在这个时代初期很受欢迎。从 20 世纪 90 年代后期兴起的颇有后现代主义色彩的“涩谷音乐”（Shibuya-kei）出现在大大小小的咖啡馆和精品店里。随着时间的推移，嘻哈音乐流行起来，而在这个十年即将结束时，电音和舞蹈音乐成为最受欢迎的音乐类型。

潮流关键词 · HIGH END STREET · EDGY STYLE · NEW CITY BOY · PASTEL COLO

2010 — 今

TREND IN JAPAN BETWEEN 2010—今
*KEYWORDS:

PERIOD: 2010—今
NO.

TREND
MODERN SKY ZERO
トレンドキーワード
MADE IN JAPAN

2010 年，来自日本和其他地方的快时装变得普及，时尚的定义变得更加多元。街头风、辣妹风、二次元风格（Cosplay）和性冷淡风等都十分盛行，呈现一种百花齐放、越来越混合的状态。在新世代中，宽松舒适的衣料剪裁席卷了东亚，不合身的版型（UNBALANCE STYLE）也是这几年大热的潮流风格。

音乐关键词 · J-POP · HIP-HOP · J-ELECTRO · CLUB · DANCE · J-POP · HIP-

MUSIC IN JAPAN BETWEEN 2010-今
*KEYWORDS:

PERIOD: 2010—今
NO.

MUSIC
MODERN SKY ZERO
キーワード
MADE IN JAPAN

2010 年之后，日本说唱开始被世界所认识，而且正在迅速发展。同时，J-Pop 仍旧占据霸主地位，出现越来越多的偶像团体。其他如摇滚、朋克、雷鬼、电音、舞曲等音乐风格依然有着自己独特的受众和圈子，并呈现出愈趋混合的态势。

美黑风格
GANGURO GAL

20 世纪 90 年代的户外风格
OUTDOOR STYLE IN 90S

里原宿风格
URAHARA MOVEMENT

里原宿街头
STREET SCENE IN URAHARA

B · GRUNG · NEW VINTAGE · J-POP · J-ROCK · VISUAL KEI · SKA · CLU

尾崎丰
OZAKI YUTAKA

小室哲哉
TETSUYA KOMURO

X-JAPAN

安室奈美惠
NAMIE AMURO

MILITARY · ELECTRO STYLE · RUDE STYLE SURF STYLE · NYUTORA · H

森女系 1
MORI GIRL 1

森女系 2
MORI GIRL 2

辣妹系
GAL

原宿风
URAHARA STYLE

KAME-KEI · INTERNATIONAL · J-ELECTRO · CLUB · DANCE · NAKAME-

中岛美嘉
MIKA NAKASHIMA

DJ KENTARO

宇多田光
UTADA HIKARU

SMAP

E POINT LUXURY · NORMCORE · MIXTURE STYLE · 90'S SPORTS STYLE · UN

性冷淡风 1
NORMCORE 1

性冷淡风 2
NORMCORE 2

山系风格 1
URBAN OUTDOOR 1

山系风格 2
URBAN OUTDOOR 2

· J-ELECTRO · CLUB · DANCE · J-POP · HIP-HOP · J-ELECTRO · CLUB

桃色幸运草组合
MOMOIRO CLOVER

香水组合
PERFUME

岚组合
ARASHI

AKB48

#HEROES IN TRENDS #HEROES

HEROS IN

HEROS IN TRENDS

潮*人

HEROES IN TRENDS

ル人

N TRENDS #HEROES IN TRENDS

TRENDS

ギャル人

ROUND VERNIAN EARTH FORCE

SUPER SPACE
EMOTION RELEASE LINE

OVERWHELMING SENSE OF EXISTENCE

I.M.O. 是宇宙特别计划“星际动力别动队” Interstellar Motivation Office 的行动代号，每一个知晓 I.M.O. 的生命都能与这个队伍产生关联。I.M.O. 目前四名成员瑞兹（REZ）、羽可（YUKO）、栗子（KULI）、冈斯特（GANS）已于地球纪年 2018 年集结，他们要对抗一群意图把正向情绪夺走的怪兽，拯救可能陷入感官麻木的有机生命体。I.M.O. 由摩登天空旗下创意视觉厂牌 MVM 打造，目前已在草莓音乐节、M_DSK 音乐节、朝阳大悦城 UNI_JOY 街区与大家见面，已与耐克、卡帕、盖普、屈臣氏、肯德基、戴尔、外星人等品牌有授权合作。

I.M.O. is the abbreviation of “Interstellar Motivation Office”, a special universal project. The first-released members of I.M.O., REZ, YUKO, KULI, GANS, have gathered at Earth-year 2018. They are aimed to fight against the monsters which take away people’s positive emotion, and to save the numb creatures in the cosmos. Everyone who knows about I.M.O. is able to connect with this project through fighting with them. I.M.O. is created and produced by MVM, the design label of Modern Sky. It has launched at Strawberry Music Festival, M_DSK Festival, UNI_JOY at Joy City Shopping Mall. And It has the license and collaboration with Nike, Kappa, Gap, Watsons, KFC, Dell, Alienware, etc.

姓名：瑞兹

简述：居住在E-EARTH星，致力于宇宙探索的阳光男孩

性格：外向、勇敢、果断、责任感、行动派

这是I.M.O.成员所居住的星球里唯一和地球有联系的星球，这个星球是地球人建造的永久性副本，因为寄托着地球人的美好心愿而相对发达，整体氛围积极向上，目标是维护地球及其他星球的相对和平。

姓名：羽可

简述：居住在冰川遍布的AVA星，宅，智商超高，少言寡语，灵气逼人

性格：内向、智慧、坚韧、冷静、温柔

智商超高，平时比较宅，灵气逼人。居住在冰川遍布的AVA星，星球上大家平时话很少，很多时候用眼神和心电感应交流，由于大家能量消耗少，资源相对丰富而少忧虑，处于一个平和安宁的状态。

降落东京的时候，东京正遭遇着罕见的高温。在西新宿一家叫作“我的天空”（Ore no Sora，不知道跟那部同名的20世纪90年代的日本漫画有什么关系）的拉面店吞下一碗口味浓厚的拉面之后，我、摩登天空的诸位老铁和欧子、Txbone、藤田祐希（Fujita）一行人正式开启了东京之旅。从晌午时分到晨光熹微，我们钻进涩谷的黑夜和原宿的犄角旮旯，去捕捉一个未知的城市。

Txbone很会开车，东京狭窄的街道似乎成了他炫耀车技的竞技场。我坐在车的最里面，一边看着距离侧面车窗也就十厘米远的快速后移的墙壁心惊肉跳，一边琢磨着车里的人——这个团队——以及之后要见的那些有趣的人。

欧子是中国人，来日本七年了，他与日本人Txbone和藤田祐希一起合作了一个服装品牌Loose，欧子和藤田祐希主要负责

第一天遇见 LOOSE

撰文_幺蛾　摄影_Fujita / 陶雷　供图_LOOSE

THE FIRST DAY MET LOOSE

DAY 1

16TH

DAY 1.

LOOSE：Txbone/ 藤田祐希 / 欧子
（TXBONE / FUJITA / OUZI）

001

002

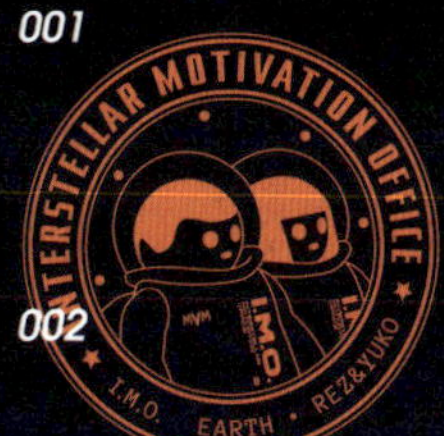

PREPARED BY： *MODERN SKY ZERO : REZ* ■
MODERN SKY ZERO : YUKO ■

OFFICIAL WEBSITE： 无

INSTAGRAM： *12loose18*（欧子） *txbone878*（Txbone）

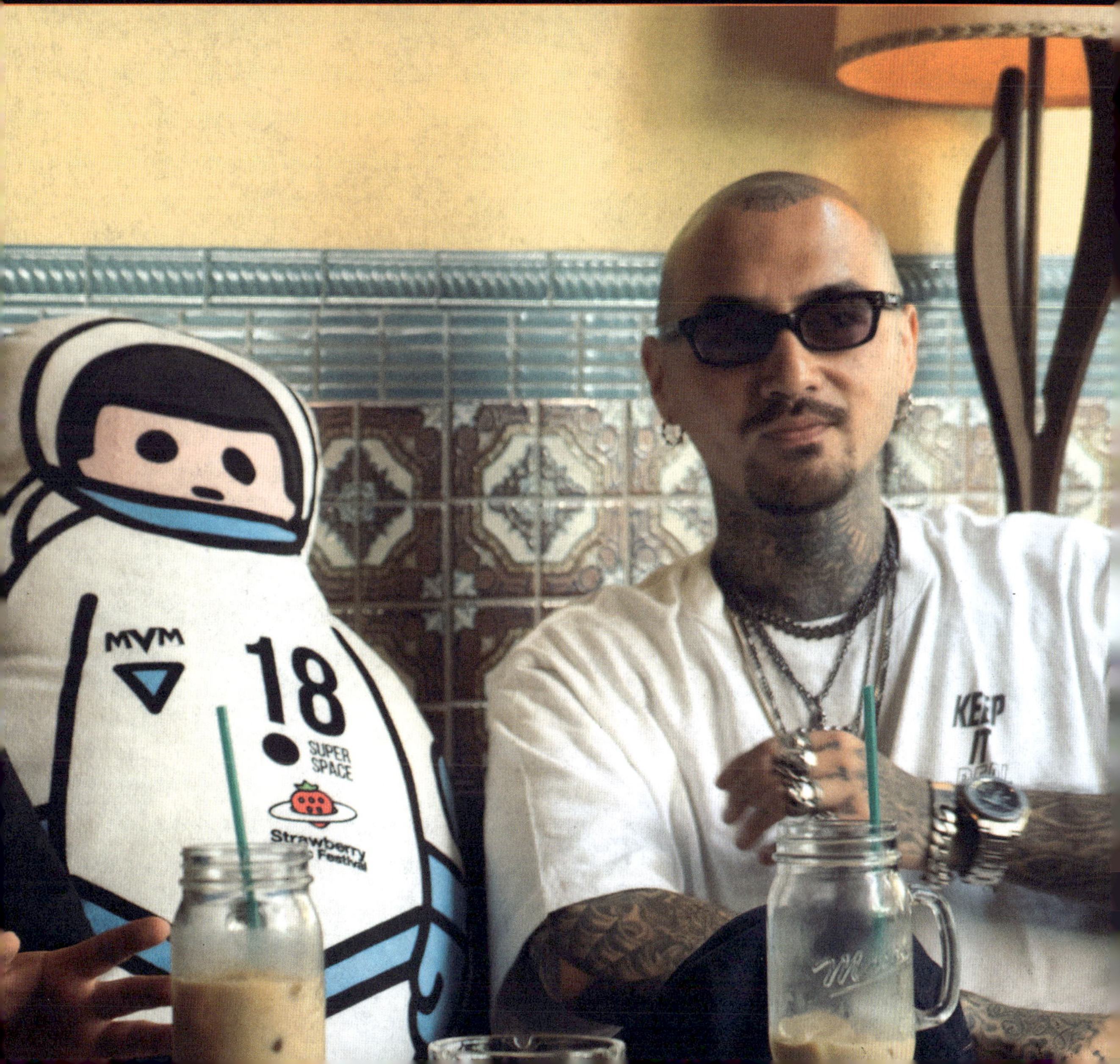

LOOSE LOOSE LOOSE LOOSE LOOSE LOOSE LOOSE LOOSE LOOSE LOOSE LOOSE LOOSE LOOSE LOOSE
LOOSE
魔晶熱狂
SE ·LOOSE ·LOOSE ·LOOSE ·LOOSE ·LOOSE ·
LOOSE
LOOSE

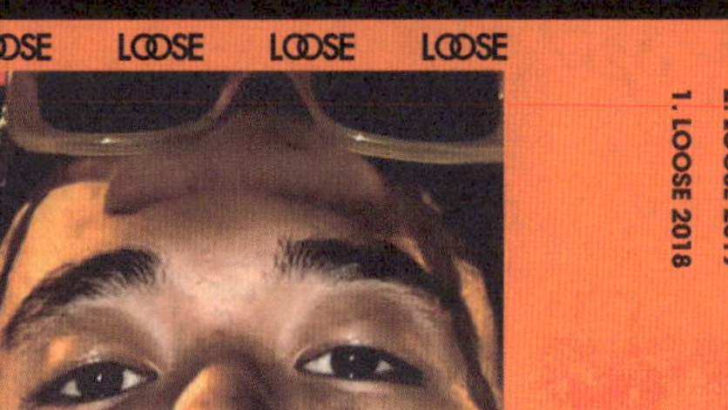

2. LOOSE 2019
1. LOOSE 2018

设计和与工厂沟通，Txbone 算是公关。Txbone 今年三十二岁。从十八岁开始，他一直在原宿、涩谷一带活动，做服装模特、店员，也做过酒保，因此认识了很多朋友。刚开始有很多品牌找他拍照，一个很有名的店 Corner shop 的老板非常欣赏他，于是他在原宿有了一份正式的工作。

两人的相遇也是缘分。欧子来日本之前就对这边的品牌特别感兴趣，他发现 Corner shop 每次发新品的时候，模特都是 Txbone，“我当时就觉得这个日本哥们儿太像样了。”欧子说。后来刚到日本没几天，欧子就跑去 Corner shop，见到了 Txbone 真人。那时欧子基本不会日语，而 Txbone 英语还不错，所以两人用英语搭上了线。这差不多是六年前的事了。

再后来，欧子请 Txbone 当模特拍照片，就接触得多了些。Txbone 离开 Corner shop 之后去了一个酒吧上班，叫欧子他们有空去喝酒。一天，欧子去找他，正巧那天 Txbone 和酒吧老板发生了一些摩擦，不想干了。然后两个人合计说，要不一起做些什么吧，就从夜里一直聊到早上，说了很多豪言壮语，后来就真的开始做了。“做了大概一年，比想象中还好。”欧子说。

和很多日本街牌一脉相承的是，Loose 设计中的一个很重要的步骤是研究老的设计和其背后的故事，研究透彻之后再和他们的想法有机结合起来，做成新形式的 oldschool（老派）。为了解释这个品牌名称的由来，欧子郑重地说出八个大字：慵懒散漫，肆无忌惮。

欧子在 2003 年组过一个乐队，他也是从那时起开始关注嘻哈文化。在嘻哈文化中，音乐和服装风格向来胶合得难舍难分。欧子对二者有着自己的体悟：“正因为嘻哈这种音乐风格在全球的流行，所以由嘻哈音乐带起来的街头风潮把球鞋、阿美咔叽之类的都覆盖了，更纯粹的街头的设计把复古的、四五十年代的东西都覆盖了。”

“八年前刚来东京的时候，这里的潮流风格分得比较明确，比如阿美咔叽就是阿美咔叽，而现在原宿这边就分得不是那么清楚了，很多说唱歌手也穿朋克的衣服，没什么界限，反而更能体现出每个人的风格。我和 Txbone 都觉得现在的状态是最好玩的。”

来东京的这几年，欧子发现好多神话都破灭了。潮流的更新换代太快。“在国内感受不明显，但是在日本，你能看到一个个神话的破灭，”欧子说，“很多设计师都五十岁了，再难让十八九岁的年轻人感到共鸣。而像 Girls Don't Cry（女孩别哭）这样的品牌是互联网的产物，这种新形式带来的风潮能够持续多久，我们也不得而知了。”

LOOSE · LOOSE · LOOSE · LOOSE · LOOSE

这两年，他们可干了不少事儿。虽然外界看来只是做衣服，但他们把很多日本艺人首次带到中国来演出，比如北冈健太（Anarchy）、横井英之（Zeebra）、阿维驰等，可以说，他们做的这些事情都与文化有关，有点像在中国和日本之间架了一座桥梁。而且这事儿跟摩登天空关系也非常密切：北冈健太、横井英之第一次在中国演出都是在摩登天空的 M_DSK 音乐节。Txbone 一说起这事儿就开心：“本来因为时间段不是特别好，所以舞台下观众不太多，但北冈健太的每一首歌结束的时候都会有大量的人涌进来。”Txbone 觉得特自豪——为舞台上的北冈健太，也为他自己。

这次旅程，我将见到著名演员 + 非著名音乐人和服装品牌主理人浅野忠信、东京嘻哈圈子的见证者良藏（Ryozo）、说唱界女王阿维驰和知名说唱歌手北冈健太，以及在日本做服装品牌的中国人梅咏、传奇银饰品牌 Stop Light（红绿灯）的掌门人高山隆……我就不报菜名了，接着往下翻吧，好玩儿的东西都在这儿了。M

继续，在路上

CONTINUE ROLL ON THE ROAD

撰文 _ 幺蛾 **摄影** _ Fujita / 陶雷 **供图** _ Liberaiders

16TH DAY 1.

Liberaiders: 梅咏

001 • **PREPARED BY :**

MODERN SKY ZERO : REZ □

MODERN SKY ZERO : YUKO ■

002 • **OFFICIAL WEBSITE:**

https://www.liberaiders-store.jp/

INSTAGRAM :

Liberaiders

我们还聊了什么?
扫描二维码，观看梅咏视频采访

我在东京见到的第一位品牌主理人是个北京人，他叫梅咏。1988年，梅先生以国际交换生的身份来到日本，这一待就是三十二年。

降落东京后的第一天，我们来到梅先生位于原宿的工作室和他聊了两个多小时——从北京的生活到东京的境遇，从摇滚乐到街头文化。从梅先生一开口讲话，你就能发现他骨子里还是个地地道道的北京大哥，完全打消了我来之前的顾虑——担心他在日本三十二年的经历会给我们这次对话带来陌生感。

学生时期的梅先生开始听摇滚乐，去秀水街买衣服。大学时，他还攒钱买下了在北京利生百货第一次出现的 Air Jordan 1。20世纪 90 年代初，对留学在外的人来说，回国算是件大事情。梅先生在一次回国探亲时带回许多当时国内还没有的唱片，在北京和高旗（超载乐队成员）租了一间俱乐部，由梅先生担任 DJ 举办了一场派对。张炬（唐朝乐队成员）等这些日后在中国摇滚乐发展史中被记录在册的人也纷纷到场。但在网络通信尚不发达的 90 年代，超载乐队和唐朝乐队之后在中国是如何火起来的，梅咏先生却没有一点概念。

听梅先生讲完这一段话的我就在想，这可能就是北京最早的街头文化的样子吧，虽然不同于当下，没有互联网带来的便捷，但正因如此，才促使了他们更加热血地去追求自己喜欢的事物。

为了更进一步了解梅咏先生，我们以对谈的形式对梅先生做了更深入的采访。

TO

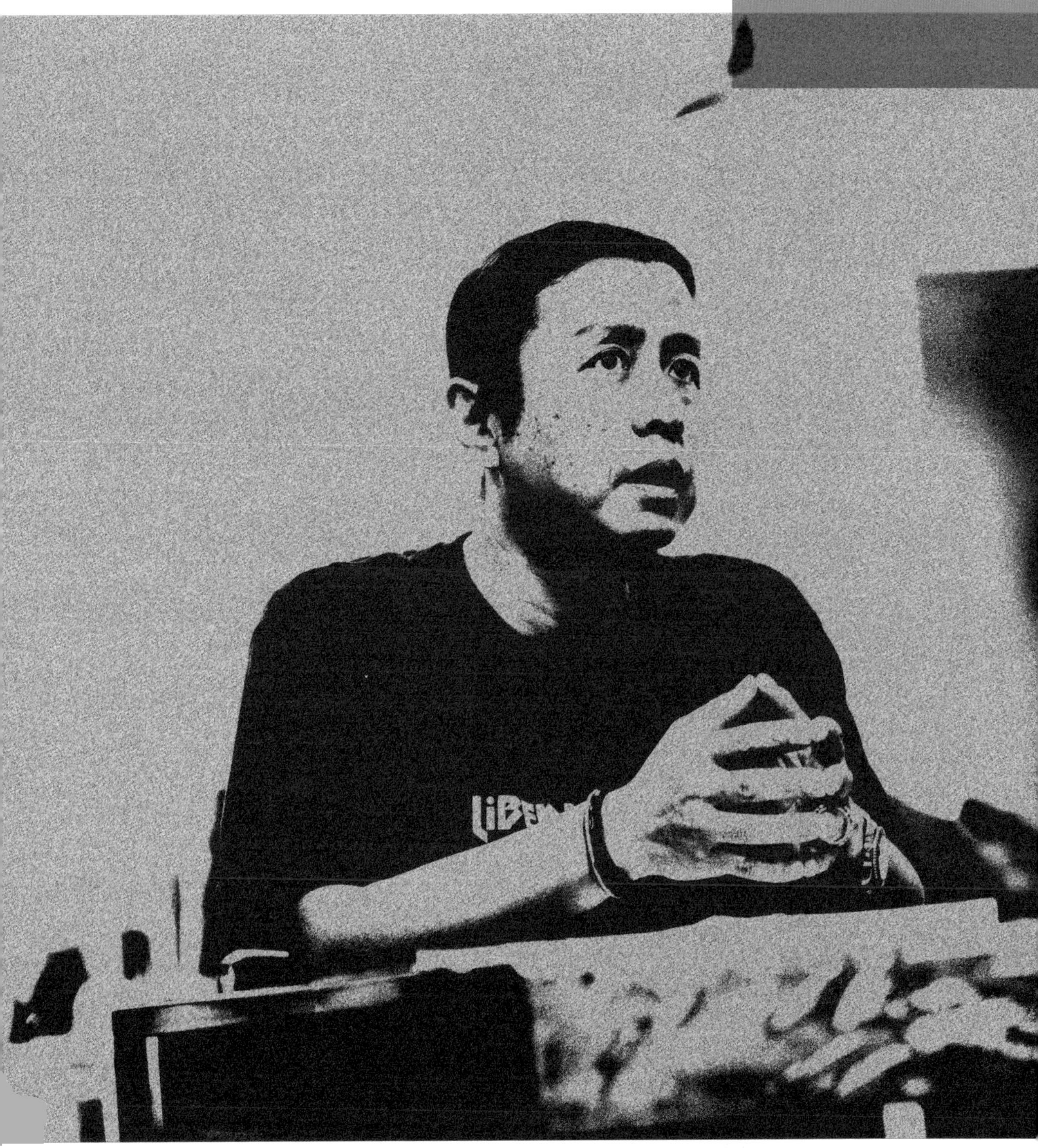

LIBERAIDERS
2019 SPRING&SUMMER LOOK BOOK
LIBERAIDERS 品牌 2019 春夏型录

Liberaiders®

1

2

1. Liberaiders 办公室的唱片墙

2. 梅咏在展示他的潮流艺术品收藏

摩登天空（以下简称 M）：到东京这些年，您对这个城市的整体感受是什么？跟关西相比，东京有什么不一样的地方吗？梅咏（以下简称 Y）：我觉得关西和东京都不像是一个国家的。大阪因为本地人占大多数，所以本土气息比较浓，大家基本上都是知根知底的。但东京就不太一样，比如我们这个行业，真正的东京人特别少，介绍的时候都会说自己是哪儿出生的，大家都是在有敬意的基础上去交往的，给我的感觉是东京相对文明，大阪比较“野”一点。语言上也不太一样，比如说相声的全是从关西来的，跟中国说相声的全是从北京、天津来的那种感觉差不多。东京感觉上更像上海，北京像大阪。

M：您刚来日本的时候，日本的年轻人的穿着给您留下了什么样的印象？Y：我到日本是 1988 年，那时候最流行的是锐步（Reebok）的白鞋配 Edwin 的牛仔裤，当时大街上一半多人都是这个打扮，跟制服一样。和身边喜欢摇滚乐的日本人讲，在北京特别冷的冬天骑两小时自行车就为了取一盘摇滚乐专辑的事儿，他们也完全不知道是什么概念，因为他们对中国没有任何了解。20 世纪 80 年代后期，在我上大学的时候，滑板和冲浪开始火起来了，因为冲浪需要有一定的经济基础，所以当时我选择了相对便宜的滑板。玩滑板的孩子的穿着是又肥又大的。这在当时看来是非主流的，并且是带有反叛精神的，但咱们现在谈论的街头文化就是从那时候来的。

M: 您觉得美国的潮流文化跟日本的区别是什么？
Y：美国是一个历史很短的国家，所以他们总是要挑战新的东西，挑战新的东西就是在创造新的历史。所以美国先飞进了宇宙，登上了月球。再比如冲浪和滑板，其实冲浪是澳大利亚、美国夏威夷州先有的，因为美国人一直追求创新的心态，所以滑板和冲浪在美国被发展了起来。反观日本，拿“阿美咔叽”这个词来说，它是日本人发明出来的，是日本人将 20 世纪的美式文化吸收进来研究总结出来的产物，并且比美国人研究得还细致。美国人不会回头再研究自己 20 世纪 50 年代的工装是什么样的，他们要找世界上还没有人玩儿过的东西。我觉得这是美国和日本最大的区别。

M：我们知道您在做 Liberaiders 之前，做了许多年的 FUCT，可以跟我们聊一聊这两个品牌吗？
Y：FUCT 是我做了十三年的品牌，1994 年，在美国的一个展会上我认识了 FUCT 的创始人艾瑞克（ERIK）。我俩同岁，闲聊当中发现彼此喜欢的东西很相似，比如历史、音乐等。之后每次去洛杉矶出差我们都会见面，慢慢成了好朋友。直到 2005 年我开公司之后再去洛杉矶找艾瑞克的时候，他说想重新把 FUCT 做起来，正好我也有了公司，这样我们在朋友的基础上又增加了合作伙伴的关系。起初，我说我来做日本市场的代理，但做到最后其实所有的市场都是我俩来做的，我们一起设计，一起谈论每一季的主题，就这样品牌的知名度也就越来越高了，而且一做就是十三年。直到大前年 1 月份我和艾瑞克正式决定分开，因为那时我俩都满五十岁了。我觉得还有许多我想干的事儿还没有完成。所以之后我成立了自己的品牌：Liberaiders。起初想名字的时候，其实想了很多。最终选择这个名字和我自己的经历有很大的关系，Liberaiders 是由 Liberate（解放）和 Raiders（侵略）两个矛盾的词组成的。因为我觉得世界上许多事情都是相对矛盾的，从不同的立场去看待同一个事物得到的结论往往都是相对的。而且，我是在社会主义国家长大的，又在资本主义国家生活了三十多年，我本身也会想“我是留在国内好，还是出来好”这个矛盾的问题。2017 年秋冬是 Liberaiders 的第一季，款式很少。因为是自己的品牌，所以我就是完全地在表达自己的想法。推出之后，大家的反馈很好，这也是我没有想到的。第一季的西藏，第二季的古巴，第三季的尼泊尔，再到第四季的俄罗斯，每一季我都会换一个国家或者地区去拍摄 Look Book（型录），通过这四季我去了一直想去但之前因为工作的原因没有去的地方，这些地方带给了我新的灵感和感悟，而这都是通过做 Liberaiders 得到的。所以 Liberaiders 像是我的一本回忆录和游记，它让我继续保持前行，这种感觉是我喜欢的。

M：您觉得穿得有样儿对人有什么样的意义？
Y：我觉得一个人穿得有没有样儿是要从大脑出发的，而不是钱决定的。一个人的穿着可以表达一个人的内在，穿出内在的自己应该就是有样儿，这应该也是有样儿的意义所在吧。

M：最后为喜欢潮流服装的年轻人提一些建议呗？我们草莓音乐节就有好多穿得特有样儿的年轻人。Y：我觉得去音乐节是一件很好的事儿，在那儿能感受现场音乐的魅力，又能结识有共同爱好的人，这对于年轻人来说是非常重要的事儿。我觉得不要被网络过多地影响，要有自我认知，要有自己对世界的看法，要对这个世界充满好奇。

Liberaiders Liberaiders Liberaiders
LIBERAIDERS
Liberaiders® Liberaiders® Liberaiders®

Liberaiders®
Liberaiders®
Liberaiders®
Liberaiders
Liberaiders®
Liberaiders®
Liberaiders®

A STORY WITHOUT LOGIC

一个没有逻辑的故事

撰文＿幺蛾　摄影＿Fujita / 陶雷
供图＿Softmachine

软机器（Softmachine）的社长叫山岸航介（Kosake Yamagaki），除经营品牌外，还在当 DJ（又一位多才多艺的社长），去年出席了富士音乐节。我们采访他的时候是个明媚的下午，社长从办公室里走出来，坐在他的重型机车上，他的同样重型的狗趴在他脚边抢镜，一会儿看看欧子，一会儿看看 Txbone，一会儿看看我。

Softmachine
设计灵感主要来源于刺青

17TH DAY 2.

Softmachine: 山岸航介 (Kosake Yamagaki)

001 • **PREPARED BY :**
MODERN SKY ZERO : REZ □
MODERN SKY ZERO : YUKO ■

002 • **OFFICIAL WEBSITE:**
http://www.softmachine-org.com/
INSTAGRAM :
softmachine_official

摩登天空（以下简称 M）：社长什么时候开始对时尚感兴趣的? 山岸航介（以下简称 Y）：小学的时候就对时尚感兴趣了。姐姐当时很时尚，经常嘲笑我穿得太土，受到了姐姐的刺激，我立志要成为一个时尚的人。中学时就会去一些比较潮的店买东西，也去原宿，还有二手服装店。当时流行 Air Jordan 的球鞋，自己也都有买。

M：为什么有这么多文身呀? Y：做时尚最忌讳的就是跟别人打扮得一样。如果是文身的话，肯定会是独特的，所以就对文身产生了兴趣。我的第一个文身是右腿上的龙，面积还挺大，这位文身师现在是和我一起做品牌的合伙人兼设计师。Softmachine 在美国有参加文身展会，也认识了很多文身师，我身上总共有三十五个人的作品。我认识 Txbone 就是在美国旧金山的一次文身展上，当时 Txbone 十八岁，我自己也快三十岁了。

M：最喜欢的文身是哪个? Y：最喜欢的是脖子上那个马的文身，马也有幸运的意味。埃及法老王的车是由三匹马拉着，我也属马。这位文身师叫本·格瑞罗（Ben Grillo），一位来自圣地亚哥的文身师，技术特别好。他同时也是一位出名的摄影师，杰伊·亚当斯（Jay Adams，美国著名滑板运动员）生前最后一张照片就是他拍的，还给我寄了一份当作礼物。

M：那为什么选择了服装这条路? Y：我就没考虑过别的。当时在文化服装学院进修，二十四岁的时候在涩谷的一家叫“红木”（Red Wood）的店里工作。工作一段时间之后，觉得太没劲了，就自己出来单干。那是 2002 年，大概是十八年前的事。

M：品牌的名字怎么来的? Y：Softmachine 这名字源于威廉·巴勒斯写的一部小说。这个作者脑子有点问题，他把自己写完故事的纸都剪碎，拼成一个没有逻辑的故事。Softmachine 这个标题也是拼出来的，意思是柔软的机器，其实是一个没有意义的东西。我觉得这很有趣。

M：文身是印在皮肤上的，Softmachine 的设计很多是将文身图样印在衣服上，这二者之间是否有什么联系?
Y：关于文身跟服装设计怎样做融合，我们想过很多。我们观察到，文身比较多的人会喜欢穿素一点的衣服，所以我们也会做一些比较简洁的设计，比如把图案尽量放在中间，使其不至于特别花，不然配上文身看着会很乱。有些客人因为工作原因不方便文身，所以我们也有一些花哨的设计。不是说文身只文在身上好看，印在衣服上也同样好看，而且文身的图案往往不能直接印在衣服上。

Softmachine
工作室内景

KOSAKE YAMAGAKI

SOFTMACHINE SOFTMACHINE SOF

KOSAKE YAMAGAKI KOSAKE YAMAGAKI KOSAKE YAMAGAKI

CHINE SOFTMACHINE SOFTMACHINE

左起： Txbone、瑞兹、山岸航介、山岸航介的狗、欧子

我们本来是想做让深度文身爱好者看着也会觉得酷的设计，但逐渐发现很多客人虽然喜欢文身但是身体文不了，所以也会为他们做一些服装设计。

M：灵感来源呢？会参考别人的设计吗？ Y：我们的设计基本不会从外界获取灵感。看到别人设计出的好的图案，也不会想要模仿。时尚杂志之类的也不看，有时可能也就翻一下就放下了。你看到的别人的东西，不管你觉得它好还是不好，其实都会受到影响，所以不如完全自发地在玩的过程中产生灵感并且记录下来。最近比起以前更加依赖自己的直觉了，就不会想太多。

M：职业生涯中最辉煌的事是什么？ Y：“闹市”（Down Town，日本著名搞笑艺人团体）的松本人志在节目上穿过我们牌子的衣服，是造型师为他搭配的。他是我最尊敬的人。曾经有人在节目上问他“你最想做的事情是什么”，他回答说想文身，“我不想跟别人的皮肤是一样的”。我觉得他和我的想法很接近，所以在电视上看到他穿着我们设计的衣服，我非常感动。

M：当 DJ 又是怎么一回事？ Y：我从小就很喜欢音乐，父亲是一个唱片宅，特别喜欢唱片。我小时候，当我打开电视准备看动画片《筋肉人》的时候，爸爸就会把电视关掉，放甲壳虫乐队什么的。小时候很讨厌这种西洋音乐，但现在却产生了兴趣。因为当DJ，所以买了各种碟，浩室、摇滚，等等。对我来说，DJ 的工作再多练习也没用，一般会根据现场风格打碟，设计衣服也是，要不停地试错，不要事先想太多。

M：很多玩机车的可能会听重金属，您怎么看这样的现象？ Y：最讨厌这样的刻板印象。大家不一样不是理所当然的吗？大家可能都有一段时期想把自己和自己喜欢的音乐联系在一起，但很多这样的人都不是真心喜欢，只是为了向外界展现出自己是怎样的人。有的是受到前辈的影响，或者想寻找归属感，比如有的人把自己打扮成嘻哈、朋克的样子，其实并不是对音乐真心喜欢。现在音乐只是多样化了，包括做 DJ 的时候，放那些令人意外的、反差比较大的音乐反而更受欢迎。

M：最喜欢的音乐是？ Y：最开始喜欢灵魂音乐，也喜欢摇滚。最喜欢的两个乐队是“大举进攻”（Massive Attack）和“阿菲克斯双胞胎”（Aphex Twin），最喜欢的专辑叫《我关心因为你关心》（*I Care Because You Do*）。很多人觉得骑重型机车的人一定喜欢硬摇滚，我就是骑重型机车的，但不听硬摇滚，也穿休闲鞋的人，不需要为了让自己符合刻板印象来伪装自己。我这种打扮当 DJ 也挺少见的，不过我想怎样就怎样，别人管不着。几乎所有的时尚风潮最开始都会被世人用怪异的眼光看待，比如嘻哈，穿宽松的衣服、玩说唱，大家会感到奇怪，但时间久了就成了潮流。你看我现在骑重机、当 DJ、听电音，大家可能会觉得奇怪，但之后也许我这样的搭配就成了新潮流。

M：您是不是也特别喜欢电影？ Y：我挺喜欢昆汀的《低俗小说》（*Pulp Fiction*），但不喜欢《杀死比尔》（*Kill Bill：Vol.1*）。《疤面煞星》（*Scarface*）的导演布莱恩·德·帕尔玛的作品我也都挺喜欢的。我有时会从平克·弗洛伊德等以前的歌手及其歌词中寻找灵感。直接把歌词截一段，或者摘取电影中的一句台词，能够和衣服上的图样呼应的，我就会将它直接印在衣服上，像《现代启示录》（*Apocalypse Now*）里的“碎掉的心”。每个人都想像电影主人公那样、活得跟电影里一样。但是呢，想活成那样就不能干一些特别逊的事儿，音乐方面也不能太俗气，有些话也要像电影里那样说才对。

Softmachine
工作室的置物架

M：您会不会觉得以前的原宿比较酷？ Y：我倒是没觉得原宿是多厉害的地方。现在当然店是越来越多了，但也就那样吧。

M：您有什么喜欢的品牌吗？ Y：除了无印良品的产品以外，我不怎么买东西的。偶尔会去买些内衣、袜子，等等。优衣库我也很少逛，平时最多穿个优衣库的 HEATTECH（保暖内衣）。自从自己做品牌之后，就基本不买其他的原创品牌了。家里有别人送的，但自己也不穿。

M：这附近有很多品牌的公司，有您的朋友吗？ Y：梅咏先生吧，梅先生是这一带的老大。

M：客人主要是什么样子的呢？ Y：大多数是一些坏孩子吧。（笑）什么样的人都有，但不是特别年轻，基本上都是三十岁以上的，还有一些小的黑道社团的成员。前段时间有个黑道的人被警察抓了，在电视上看到了，那个人被抓的时候穿着我们家的衣服，而且是背后有手铐图样设计的 T 恤。（大家：哈哈哈哈哈哈哈）

山岸航介
左手上的刺青

M：在您看来，什么是潮流？ Y：我觉得潮流是不应该存在的。流行是非常碍事儿的东西。因为流行总会把以前特别丑、特别难看的东西又拿出来做，这一点很讨厌。

SUMMER IS SUPPOSED TO BE HOT!

撰文_幺蛾　**摄影**_Fujita / 陶雷

夏天就是应该热啊！

DAY 2

17TH DAY 2.

Stop Light：高山隆（Takashi Takayama）

001 • **PREPARED BY：**

MODERN SKY ZERO：REZ

MODERN SKY ZERO：YUKO

002 • **OFFICIAL WEBSITE：**无

INSTAGRAM：无

我们还聊了什么？
扫描二维码，观看 Stop Light 视频采访

高山隆在手工银饰爱好者当中是位传奇人物。高桥吾郎去世前，两人一直保持着亦师亦友的关系，如今，高山隆一直坚持自己一件一件打造银器也是因为受高桥吾郎的影响。正如单眼骷髅的寓意，高山隆一生只专注于一件事情，他没有学徒，没有助手，所有作品完全是自己一件一件手工制作的。我在惠比寿1丁目找到了他的那个极其隐蔽的工作室，工作室屋里摆满了各式各样的东西，人一多，就几乎找不到落脚的地方了。当时天气很热，高山隆老爷子不装空调，穿着长袖衬衫，戴着头巾，汗水把前襟打湿了很大一片。

有两个孩子、四个孙辈的他都六十多岁了，每天还在特别努力地工作。“工作就是我的生活方式。”他对我们说，看起来特别地开心、特别地真诚。

摩登天空（以下简称 M）：您是从什么时候开始喜欢美国文化的呢？高山隆（以下简称 T）：喜欢美国文化大概有四十年了。不过现在已经不是那么执着于做美式的作品了。现在觉得东京风格也是很不错的。

M：为什么想到要做饰品呀？T：我从很小的时候就开始，除了时尚和服饰，就没有想过做其他的事情，这就是我的生活。有时候会梦见某个东西，觉得自己必须做出像这样的东西才行。如果能把梦中的东西做出来，能够继续这样的生活，那就是幸福了。我现在六十多岁了，工作是让我觉得最快乐的事情。如果工作是一件痛苦的事，那就没意思了。

M：所以您一直不做上班族，而是专心做自己的产品。T：我的人生格言是不为别人而死，不为除自己以外的人而死，不为公司而死，能做到这些的人就只能自己当老板了。人活着有工作就是很幸福的事情，但不能为了公司献上自己的生命。我没什么合作精神，不太喜欢跟别人交流。跟人交流没什么有趣的。选择了做饰品，也是因为做饰品可以单独作业，虽然也喜欢服装、时尚，但做衣服的工序太多了，像做鞋等，必须有很多人一起做，不能把自己的想法原汁原味地呈现出来。饰品比较能凸显个性。在美式风格里蓝色牛仔裤和 T 恤是最不做作的也是最典型的服饰。近几年在日本，你的作品还要更贴近现代的元素，否则没有办法说服年轻群体。能把这一点体现得最直白的，我觉得就是饰品了，对我来说，饰品是最能直接传达这种想法的载体。以前男性戴饰品是一件很奇怪的事情，但是现在大家的时尚意识都提高了，男性打耳洞、戴耳环都不是什么奇怪的事了，这是东京风格的一部分，也是个人追求自我认同的最好的途径。

M：那其实您也是会关注流行的东西咯？ T：我对现在的一些比较有人气的东西没兴趣，不会特地表现出来自己会关注。但毕竟是要做东西，不能不关注流行。

M：为什么要叫 Stop Light？（红绿灯）

T：二十多年前定的这个名字，当时的店就在红绿灯前面。非常简单的理由。因此我个人代表色就是黄绿红。

M：店内的陈列有什么讲究吗？ T：这源于我儿时的记忆，玩具箱的概念，所以有各种各样的摆设，人偶手办、小玩具之类的，充溢着梦想的感觉。

Txbone 手上佩戴的
印第安风格的银饰

1. Stop Light 工作室外景

2. 从 Stop Light 工作室的玻璃窗看出去

3. 高山隆的部分皮靴收藏

M：到目前为止自己最自豪的几个作品是什么，可以为我们列举一下吗？

T：做出第一个东西，能够靠它吃饭就已经不错了。专心做一个作品，不断去完善。有客人提出建议，去达成客人的愿望，就很幸福了。就像这家咖啡店，只卖咖啡，或许以后有不一样的产品，但现在只专注于咖啡。只做一个东西，就能靠这个东西吃饭，在旁人看来是非常令人羡慕的事情。

M：您的品牌最核心的主题是什么，每年是否会有不同主题？ T：去年还是打算继续推行东京风格，跟以前一样。我觉得最重要的一个概念就是自由，不被他人左右，如果佩戴这个饰品的人也能够选择自由的生活方式，那便是最好的。

M：喜欢什么样的音乐？ T：其实都挺喜欢的，你别看我对时尚这么挑剔（但其实我对 YSL 啊、巴黎世家啊都挺喜欢的），音乐的话，爵士、嘻哈、肖恩·卡特、艾米纳姆什么的都听。音乐吧，忠实于自己的感情和想法凑合听就好了。最近很喜欢的是竹原和声（这两年火起来的，年轻人听的，歌词符合大家的心声），现代的歌手比如玉置浩二、森山良子。我虽然看着一副什么都不知道的样子，对新的东西漠不关心的样子，但其实一直在听。我也不会特意表现出追逐潮流的样子，看着也是个老头子嘛。我觉得爵士音乐人一直都在做最先进、最前卫的事情，包括古典音乐家，不断地在找寻新的形式，非常棒。我自己不会乐器，所以我觉得会乐器的人脑子都挺好的。我从小听灵魂乐，很喜欢詹姆斯·布朗（James Brown）和切特·贝克（Chet Baker）。

M：店里一般放什么音乐？ T：店里有时候放，有时候不放，放音乐的话，心情会跟着音乐走。最喜欢的是利伦厄姆（Illenium）的红岩演唱会（Red Rock Live），利伦厄姆在一块大石头上做了一场演出。他出来的时候开始下雨，大家等到雨停再继续演出。我觉得在石头上面办演出是很新的想法。

M：有想合作的音乐人吗？ T：其实不怎么想做联名。

M：对您来说时尚和潮流是什么？ T：时尚和潮流的中心是年轻人，是属于年轻一代的。如果说一个老头穿一个什么东西是潮流的话，年轻人就会没有能量了。时尚是年轻人自由的动力吧，其中有年轻人自由的能量存在。

M：最后一个问题，为什么不用空调呢？ T：我没有手机，不用电脑，不用网络。不喜欢空调就不用，因为以前过的是没有空调的日子。我觉得核电不需要存在，因为不需要发那么多电。热不是挺幸福的吗？本来就是夏天，夏天就是应该热啊。M

1

DAY 2

2

3

THE ANSWERS TO THE PAST AND THE FUTURE

过去和未来的答案

撰文 _ 幺绒　　摄影 _ Fujita / 陶雷

17TH

DAY 2.

Trumproom: 松村逸夫
（Hayao Matsumura）

001 ● **PREPARED BY：** *MODERN SKY ZERO：REZ* ■

MODERN SKY ZERO：YUKO □

002 ● **OFFICIAL WEBSITE：** *https://www.nightclubtrumptokyo.com/*

INSTAGRAM： *trumproom_official*

我们还聊了什么？
扫描二维码，观看 Trumproom 视频采访

松村逸夫
在 Trumproom 门前

松村逸夫（Hayao Matsumura）今年五十六岁，从二十五岁开始开店，一开就是三十一年。

我跟老板开玩笑说，Trump 这名字很容易让人联想到那位当红总统，老板回答：“这儿的 Trump 是扑克牌的意思，在特朗普上台之前就叫这个名字，所以跟他没关系的。”

欧子说，松村是创造了涩谷历史的人之一，是时尚界所有人的前辈。三层的 Nude Trump 是美式古着店，卖各国淘到的男女式古着，“宇宙大爆炸”（Big Bang）组合和嘎嘎女士（Lady Gaga）也来过。位于三层和四层的 Trumproom 是开派对的地方，如今已有十六年的历史。蕾哈娜、贝克汉姆等都来过这儿，也会有一些艺人和品牌（如迪奥、古驰等）在这边办活动。六层的“玫瑰巴洛克”（Rosy Baroque）开了二十多年，专门卖女士古着服饰，有各种衣物、鞋帽、女士宴会裙，等等。世界各地的古着服饰爱好者都会来这儿买东西。

老板松村一般是从纽约、洛杉矶等地进货，货物品种很丰富，什么都有，T 恤、皮带、链子和饰品，看着很贵但实际上价格挺合理，比较罕见的有电影或老 MV 里的道具等，一般在其他地方见不到。

一进门，从入口处的装饰就能发现这里风格很特别。Trumproom 一层为金色、一层为红色。电梯的门也是松村亲自贴的，用金光闪闪的材料，后面沾上水，把空气挤出去。电梯特别窄，人多了还进不去，身材魁梧的我等到第二批才终于挤了进来。

摩登天空（以下简称 M）：您最开始为什么想做这样一个场所？
松村逸夫（以下简称 H）：以前有那种一栋楼里又有酒吧又有酒店的综合性娱乐场所，但这些后来都被拆了，现在没有这种地方了。所以我想做一个能从家具、装饰之类的回味到这种氛围的地方。因为以前的东西都消失了，有种复兴的想法在吧。
这儿最早是卖古着和家具的，后来想弄一个大家一起喝酒的地方。原来东京有一些迪厅和舞厅，我也想弄一个类似那样的地方，类似美国酒吧的风格。美国有很多各种风格的小店，有些是意大利人开的，有些是法国人开的，风格迥异，我也是以他们的装修风格为灵感。从卖古着，到卖 vintage 杂货，再后来还是想做一个大家可以喝酒的场所，所以有了现在这样的模式。
Txbone：我跟老板交情不错，但这些故事也是第一次听到。
H：这些事情我也是有人问才会说，一般不说的。

M：这里的主题是什么呢？ H：整个的主题是过去和未来的融合，装饰上也有很多融合的元素。我的人生也是这样的风格。过去蕴含着有关未来的答案，未来也蕴藏着过去问题的答案。

M：来这里消费的顾客是怎样的人？ H：什么样的人都有。现在和以前是相反的，以前日本人消费更多，但现在中国人消费力比较厉害，有人能一次买一百万日元的东西。日本人现在也就买大概五千日元左右的东西。
欧子：这边没有第二家像这样的店了。这是独一无二的、松村先生亲手打造的地方。
西太后、爱马仕、迪奥的设计师也都来过。很多造型师、设计师会来。如果仔细看，就会发现好多 MV 中的场景其实都是在这里取景，A$AP 洛奇（说唱歌手：A$AP ROCKY）那个 LSD（*Love Sex Dream*）的 MV 中间有一段就是他冲着这个镜子说的。经常有不同的 DJ 来这边演出，然后跟国内不一样的是这也没有什么 VIP 和卡座，不用开酒，大家进去都是玩，随便坐，没有人会因为你坐在他旁边而介意，哪怕不认识也可以玩得特别开心，所以很多来这的人到最后都玩成了一片。做派对的地方有两层，上面一层是金色的装潢，下面一层是红色，这些都是老前辈（松村先生）的想法，所以好多东西跟年龄没什么关系。这儿有个大舞台，经常会有不同的 DJ 或者品牌来做活动。

M：偏爱的风格是怎样的？ H：我觉得摇滚和朋克挺帅的，灵魂乐、电子舞曲、雷鬼等我也都会觉得很酷。所有风格都喜欢，以前的、现在的都喜欢。新年、周末或大家放假的时候，这里的活动会比较多。现在到了这个年龄，比起迪斯科、灵魂乐，更偏爱黑人音乐和福音音乐，但嘻哈、R&B（节奏布鲁斯）等我也都很喜欢。
Txbone：最初入门算是摇滚，之后接触到浩室、嘻哈和民族音乐。时空和类别的大融合。

M：那有特别不喜欢的吗？ H：也没有特别不喜欢的……非要说的话，大概就是动漫歌曲和偶像歌曲了吧，还有视觉系的乐队。商业气息太强的我都不喜欢。音乐应该是你做了好东西，再推销出去。视觉系什么的就是为了卖出去才做的音乐，这我不喜欢。

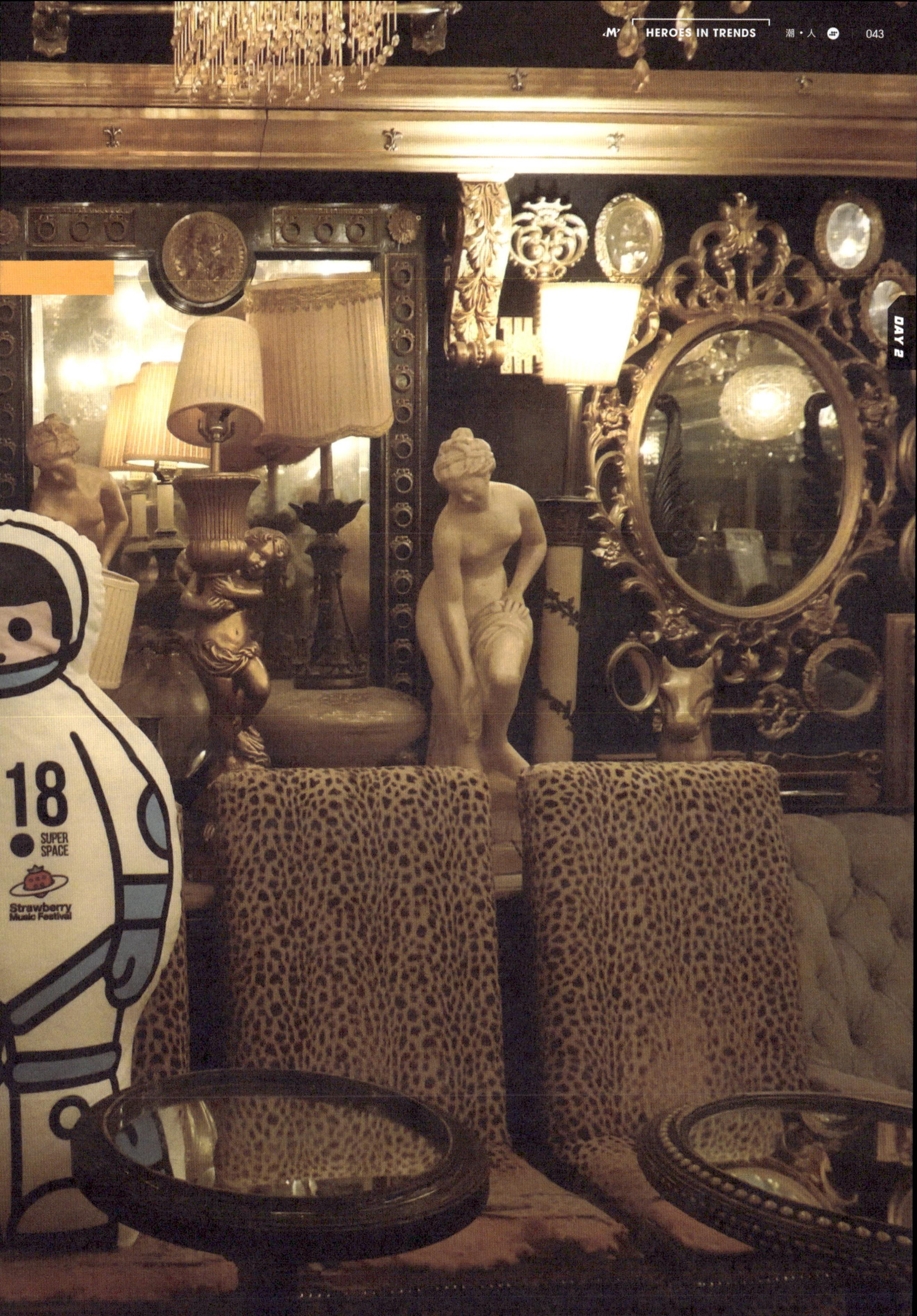
18
SUPER SPACE
Strawberry Music Festival

M：如果有偶像团体在这儿拍你会同意吗？ H：已经有过了，AKB48就在我们这儿拍过MV。不过这边租金很贵的（笑）。做生意的话，就跟喜不喜欢没有关系啦。日本人还是很喜欢偶像、追星什么的。之前也有中国电影在这边取景，是把这个地方设定成牛郎店等风月场所，当时的剧组还挺喜欢这地方。

M：在您看来，原宿是怎样成为潮流圣地的？ H：大概是从1975年到1982、1983年，当时迪斯科很流行，到处都是迪厅，但二十一岁以上的人才能进迪厅，二十一岁以下的就在表参道之丘到原宿（现在是时尚圣地、富太太逛的地方）这条街上玩摇滚。当时从表参道的车站到原宿，全是跳舞、放摇滚乐的，拿着巨大的录音机在路上放。当时粉红龙（Pink Dragon）和奶油苏打（Cream Soda）在原宿开店，这些是当时的潮牌，吸引了很多年轻人，后来又出现了很多潮牌店铺，相当于现在的Supreme和Stussy（斯图西）。当年（泡沫时期）日本还没有滑板文化，当时第一次接触滑板是在美国，住在House，周围有u形池（Rampage），和周围的孩子们玩滑板和旱冰鞋。这是1984、1985年见到的，当时日本还没人会滑滑板。

当时一部叫《美国涂鸦》（*American Graffiti*）的电影在20世纪70年代掀起了50年代复古风潮，大概是我父母那个年代的东西。当时一些美国、英国流行的元素涌入了原宿。

而当年流行且一直延续至今的东西是嘻哈、说唱文化和刺青，就是所谓的不良风格、酷这种东西。粉红龙当时也是掀起了一股中国风的浪潮，基本是出于外国人对东方风格的理解。那时原宿为了吸引外国游客，出现了一些比如叫“新加坡夜晚”“上海姑娘”（粉红龙开的）等有中国风情的酒吧。

20世纪80年代在这些酒吧前面会有穿旗袍或是军人风格打扮的人摆出某种姿势拍照。还有一些中国60年代风格的杂货店，里面卖版画、宣传

DAY 2

当时很多潮牌店会卖有中国元素的棒球服，在外套的袖子上做一些刺绣。世界有名的设计师就会把这些元素放在自己的设计当中。（横须贺夹克，日文名为スカジャン：Sta Jumper，一种圆领卫衣款式，在横须贺的风格里被改造成短款。）中国的夹克原本的设计大多是长款的，坐飞机什么的不方便，他们就改成短款的。美国士兵打仗之前，会给他们定做这样的夹克，上面会绣亲人的名字，如果能活着回来，就可以把这个夹克拿走，相当于伴手礼，他们可以带回美国。但战死沙场的人，衣服没有人来取，就会放在店里。

1. Trumproom
店内的货品码放得密不透风

2.Trumproom
空中悬挂着各种奇形怪状的帽子

3. Trumproom
在这里你还能找到古典风格的提线木偶

Trumproom
还包括一家巴洛克风格的小型俱乐部

现在横须贺夹克在中国的一些说唱歌手和摇滚歌手中也很流行。果然这种风格是不灭的（一直存在）。带有中国元素的东西又在中国火起来了，这是很有趣的现象。潮流总在历史当中不断反复轮回。

M：当时就有很多有趣的人来到Trump-room？ H：很多的客人虽然现在是大明星，但他们在学生时代就来我的店了，现在也一直会光顾。所以其实也不能说来这边的人有很多有名的人，只是客人们出人头地了。

M：您觉得什么才是酷？ H：去模仿一些你觉得好看的东西也不是说不好，要真的活得帅气的话，你要从内心去生发一些东西，才能诞生新的文化，你穿一件帅气的衣服不代表你就是一个帅气的人。一个人的思想是否新潮，才是判断他是否帅气的标准。日本曾经也对美国纽约、法国巴黎的东西很向往，而近几年已经创造出一些新的东西。虽然中国现在还是在模仿阶段，但以后肯定也会拥有自己的风格。我很期待看到这一天。M'

这是有五六十年历史的帽子了
松村：如果 Txbone 是女孩的话，戴着就好看了。

Trumproom 开了三十多年了，是美式古着店，有卖各国淘到的男女式古着
“Big Bang”组合的成员经常来，Lady Gaga 也来过，Trumproom 是开派对的地方，已经十五年，玫瑰巴洛克开了二十年，专门卖女士古着服饰。

我们还聊了什么？
扫描二维码，观看洼冢洋介视频采访

18TH DAY 3.

洼冢洋介
(Kuboduka Yousuke)

001 ● **PREPARED BY :**
MODERN SKY ZERO: REZ
MODERN SKY ZERO: YUKO

002 ● **OFFICIAL WEBSITE :**
http://asmakina777.com/

INSTAGRAM :
yosuke_kubozuka

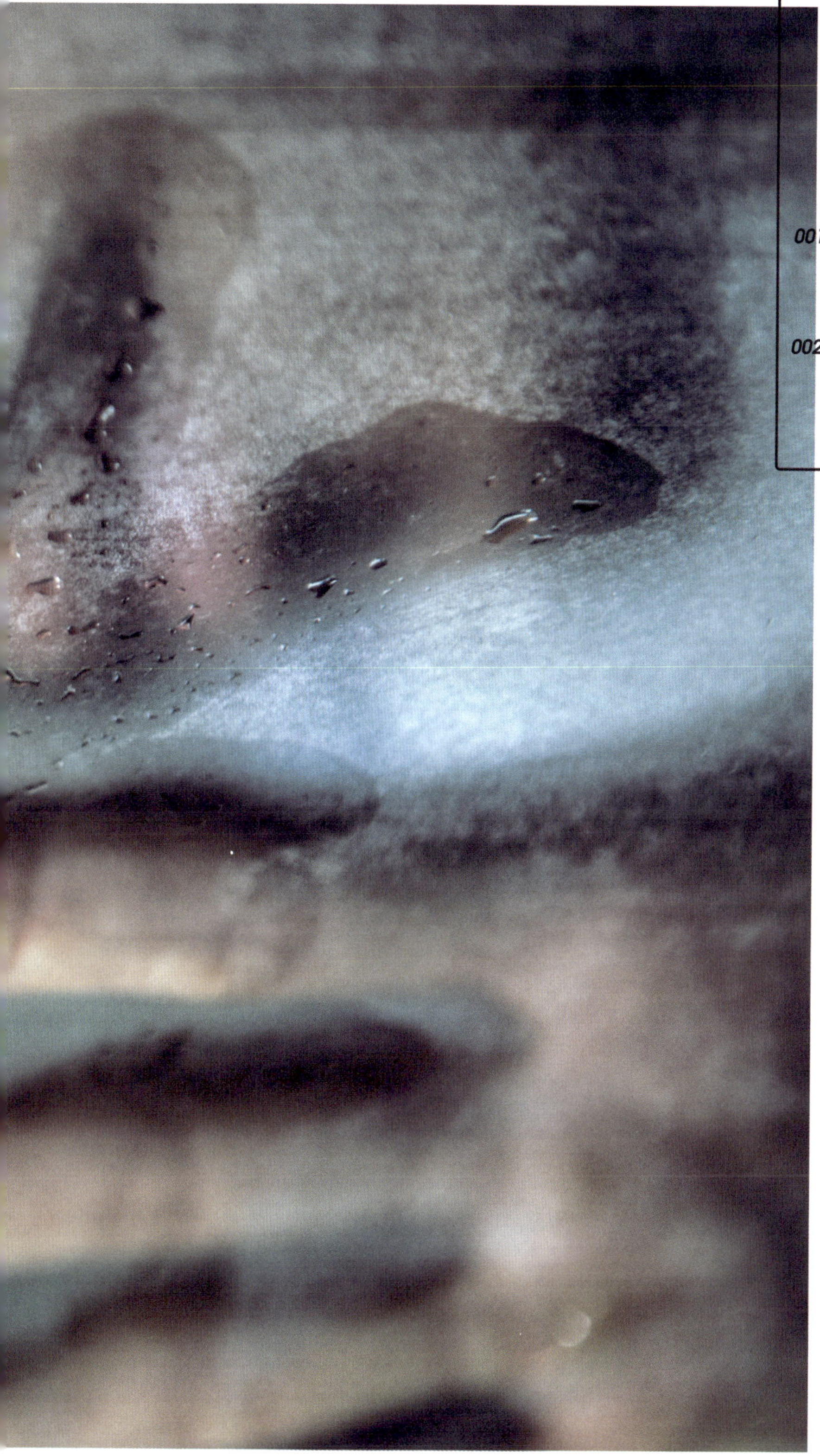

WIDEWORLD & ONEWORLD & ME

对话这世界，与我

撰文_么蛾 摄影_韩硕

くぼづか ようすけ
洼冢洋介

说到日潮杂志的熟面孔，洼冢洋介这个名字是不得不提的。这位著名演员、资深潮人出现在杂志上的次数已经多到没办法计算了。荧幕形象总是带着“叛逆”“少年感”等关键词的他，是美式街头文化在日本乃至亚洲兴起的关键人物，在 Supreme 进入日本市场的时候，他将这个品牌穿得浑然天成，仿佛第二层皮肤。

此前，洼冢洋介在以“MANJI LINE”之名活动十余年之后，首次来到中国进行现场演出，演出当晚及第二天，各种现场的视频刷爆了朋友圈。我们听闻此讯，在演出前组团去到他下榻的酒店，对他进行了采访。

摩登天空（以下简称 M）：您是第一次来北京吗？ 洼冢洋介（以下简称 W）：应该是的。不过我从公寓掉下来过（指 2004 年 6 月，从九楼坠下导致重伤的事件），也有可能是忘记了。

M：啊，原来这样…… W：嗯。

M：作为演员、雷鬼音乐家、时尚偶像，您认为日本潮流文化的根基是什么？ W：嗯……我说不出什么了不起的话。虽然大家那么说，但是我只是按照自己的喜好，也穿朋友给我设计的衣服。现在东京的文化氛围、潮流啊什么的，说实话我不是很感兴趣。只是穿自己想穿的衣服，按照自己喜欢的方式生活……嗯……和 Supreme 啊、WTAPS 啊一直关系很好，我们有超过二十年的来往，一直都觉得它们是很好的品牌，所以也一直在穿。

M：您和 Supreme 的主理人是怎么认识的呢？ W：Supreme 的纽约团队是一群很酷的人。我差不多十九岁的时候去纽约玩，认识了像哥哥一样的肯（Ken），他是最开始把 Supreme 引进日本，并且一直在日本代理 Supreme 的人，最近还成立了 Supreme Japan。这位社长就像哥哥一样。我去纽约玩，接着就被介绍跟他认识，大家的文化背景相似，又一起去俱乐部，就这样自然地玩在一起了。

M：现在 Supreme 风靡全亚洲，尤其在中国和日本，都拥有很高的人气，您认为这是什么原因？ W：是什么呢？还是因为风格吧。原本属于纽约玩滑板的人的时尚文化，现在这样帅气的风格，不仅传播到亚洲，也传播到了全世界，或者说让大家了解到了。

M：明白了。您觉得日本的街头时尚和美国的街头时尚有什么不同之处呢？ W：Supreme 是纽约的品牌，与日本人的感性，感觉……怎么说……日本人的时尚触感更为纤细吧。颜色啊，形式啊，平衡感，融合感，与外来时尚文化的接触等，我认为都是日本人自己的模式。住在美国郊区的人，很多都不穿带扣衬衫。但是日本人几乎都在慢慢变得时髦，整体水平在不断地提高。

M：日本的街头时尚更胜一筹吗？ W：跟美国比，哪个更厉害？对时尚来说，与其说像还是不像，更重要的是合适与否。会穿的人也很多，光模仿别人的人也很多，但能原创地按照自己的喜好穿出个性，这跟国家、年龄都是无关的。我是这样认为的。

M：明白了。在您看来，日本的年轻人对于潮流抱有何种态度？ W：就像我刚才说的，比如经常出现在观众视野里的演员啊、模特啊，他们本身也在模仿，模仿他们的人也有很多。如果大家能够面对自己，慢慢了解自己喜欢什么、不喜欢什么的话，那么在考虑流行趋势是怎样之前，就能让其在自己内心流行起来，这是非常重要的。如果每个人能够更享受这种时尚的话，那么通过这种挑选，就会发现时尚成了更具刺激性的享受。

DAY 3

M：明白了。在中国媒体上有报道您在采访时说，衣服是一种武器，关于这点我想问，若根据场合、天气、心情，将服装合理搭配，能从衣服中汲取力量吗？ W：嗯，是这样的。尤其做演员的更是如此，要穿出自己的风格。服装是一种让你能够接近自己、表现自己的语言形式，所以它既是让你可以保护自己的东西，也是可以让你更有攻击性的东西。虽然有人说看外表很肤浅，但是被外表吸引后发现这个人的内心也十分美好、强大和温柔的话，也是一件很重要的事。

M：您经常去美国纽约，您认为城市和时尚的关系如何？ W：城市拥有的历史、态度、色彩所孕育的时尚，以前这种个性是更强的，先不说好还是不好，整个世界变得越来越扁平，也越来越相似，无论去到什么地方，会发现每个城市都差不多。日本也是，自上而下，拥有同样表情的城市越来越多，从这个意义上来说，人真是非常孤独。正因如此，与自己相似的人越多，人就越容易发现自己想成为一个怎样的人。人们更容易发现自己想成为一个怎样的人，一个去到哪里都不失去自我的人（也就会更想要突出和强调自己的个性）。

M：如果用一句话描述从前的东京的潮流的话？ W：那肯定是受到美国很大的影响。

M：明白了。还有一个关于音乐的问题，雷鬼对您来说有什么特殊意义？ W：嗯，雷鬼是给予我力量，让我表现自我，帮我传达我想传达的信息的一种武器。结果到了最后，我自己的人生也变成了一种信息，将其转换成易懂的语言，用音乐进行表达。我觉得雷鬼是可以给予弱小和内向的人们力量的音乐。怎么说呢，因为我们每个人都处在弱者的位置上，在与社会对抗的时刻音乐可以成为我们的武器。它也可以给予我们快乐的时光，让我们和朋友交流。连接起朋友和朋友、人和人。嗯，超棒！

M：雷鬼和街头时尚为何总是连接在一起？ W：还是因为风格吧。他们想要怎样生活，喜欢什么东西都通过音乐和时尚表现出来。那些人喜欢怎么穿，喜欢什么类型的服饰都表现了出来，这样具有这种相同爱好的人就聚集在一起成了朋友。

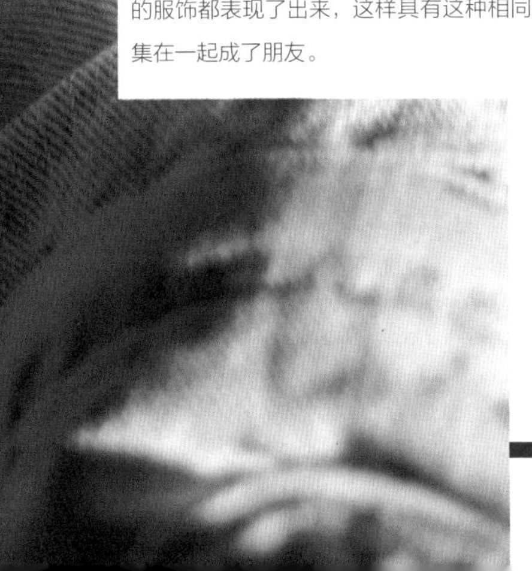

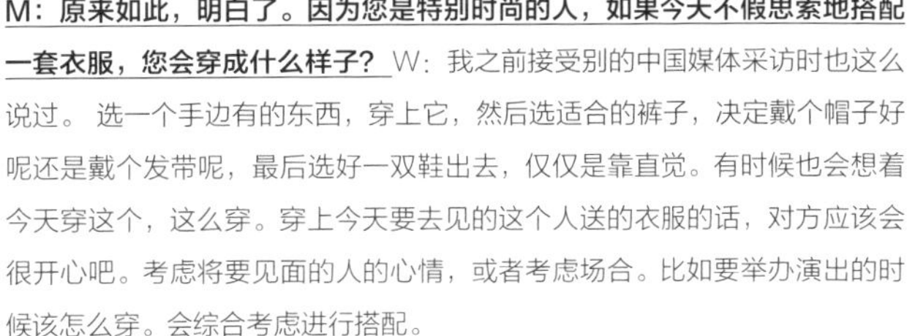

M：原来如此，明白了。因为您是特别时尚的人，如果今天不假思索地搭配一套衣服，您会穿成什么样子？ W：我之前接受别的中国媒体采访时也这么说过。 选一个手边有的东西，穿上它，然后选适合的裤子，决定戴个帽子好呢还是戴个发带呢，最后选好一双鞋出去，仅仅是靠直觉。有时候也会想着今天穿这个，这么穿。穿上今天要去见的这个人送的衣服的话，对方应该会很开心吧。考虑将要见面的人的心情，或者考虑场合。比如要举办演出的时候该怎么穿。会综合考虑进行搭配。

M：基本上您没有不思考就随便穿搭的时候吗？ W：还是靠直觉吧。

M：明白了。 W：就是 Don't think, just feel（别想，体会就行了）这样子。

M：谢谢。您可以推荐几个最近特别喜欢但是尚不知名的品牌吗？ W：最近经常……我拿来给你看一下吧，是我戴的太阳镜，眼镜的牌子……是叫"三角"？这个牌子的眼镜，经常戴，三角形的"三角"。还有就是自己的牌子，这个帽子也是。说是品牌，其实是艺术家产品。

M：原来如此！在哪里有卖？ W：在网上。

M：在网上吗？有专卖店吗？ W：没有。

M：但是只在网上卖的话，对游客来说有点难。 W：是吗？好像是哦。

M：在日本的话，您自己的品牌会在哪里卖呢？ W：有朋友说让我把商品放在他们的店里出售。我有很多朋友在经营服饰和品牌，但是我不想对他们造成困扰。因为我只是个音乐人，我做这些产品是卖周边而不是卖衣服，所以我想在身份上做出区别，所以并没有开这样的店。不过没开店的话，国外的人就很难买到吧？

M：但去日本看演出的人就可以直接买。 W：是的，在演出现场和网上都可以买到。

M：了解了。之前也说到了，我们要制作一本东京特辑，也因为这个原因这次对您进行采访。 W：啊，这样啊，谢谢！

M：所以希望您推荐一些东京的服装店、唱片店还有酒吧。 W：我大概在大阪住了八年了，东京也有现在最时髦的地方，但对我来说，这个时间停在了八年前。

M：那么大阪的话…… W：大阪的俱乐部的话，美国村的酒吧"六月"（June）、"花园吧"（Garden Bar）之类的，有很多有趣的活动，每天有各种活动，可以在网上查一下。我最喜欢章鱼烧，美国村的三角公园前面，名叫甲贺流的店的章鱼烧很好吃。M

身兼演员、朋克乐队主唱、画家、潮牌主理人和 Instagram（缩写 Ins，照片墙）网红等多种身份的浅野忠信，是我们这次东京之行见到的“斜杠”最多的人。他所属的事务所在涩谷神宫前附近的一座高楼里。当经纪人带我们推开门进入他的工作室时，这个公众形象带点邪点色彩的大叔正带着朴实的笑容迎接我们，伸出手来跟我们挨个儿握了一遍。

他跟 Txbone 和欧子带来的朋友初次见面，寒暄是免不了的。于是他提起之前他去过上海电影节领奖，我们异口同声说出了《罗曼蒂克消亡史》的片名，大家相视一笑，就算认识啦。

MUSIC IS START FROM ZERO
音乐从零开始

撰文 _ 幺蛾　**摄影** _ Fujita　**部分图片** _ 源自网络

姜黄色的短袖衬衫，细腿牛仔裤，低帮马丁皮鞋，这身装扮乍看上去有点怪异，但适应一会儿之后，才发现这就是浅野忠信。他坐在陈列柜前跟我们聊天、回答各种问题，那个陈列柜上摆满了他获得的各种电影奖，这些奖杯上刻着他演员生涯的各种痕迹。可他反复告诉我们，他其实没那么喜欢拍戏，朋克音乐才是他的最爱，他的乐队“SODA!”出道这几年，好多朋克音乐圈里的前辈都很认可。关于这一点，他很满意。

18TH

DAY 3.

SODA!: 浅野忠信（Tadanobu Asano）

001

002

- **PREPARED BY :** *MODERN SKY ZERO: REZ*
  MODERN SKY ZERO: YUKO
- **OFFICIAL WEBSITE :** *http://anore.co.jp/tadanobu_asano/*
  INSTAGRAM : *Tadanobu_asano*

我们还聊了什么？
扫描二维码，观看浅野忠信视频采访

浅野忠信

NG

1

1- 4. 浅野忠信
在演员身份之外也是朋克乐队 SODA！ 的主唱

他没说大话。采访过后几个小时，我们去一家叫 WALL 的演出场地看了“SODA! ”的演出——作为一个朋克乐队主唱，浅野忠信挺厉害的。

摩登天空（以下简称 M）：先聊聊演戏的事情吧！您是怎么开启了演艺生涯的？ 浅野忠信（以下简称 Q）：中学的时候，我父亲从事经纪人工作，当时日本有个很有名的讲高校生活的连续剧《金八先生》在招募演员，我就去参加选角，之后因为有这次接触，也参与了一些影视剧的拍摄。我当时十四岁。“浅野忠信”这个名字是我二十八岁定下来的艺名。我 1988 年出道，到现在已经三十二年了。

M：很多杂志都将您比作日本的约翰尼·德普，说您演戏的时候一些表情和他有些相似。 Q：哈哈，能被比作德普我觉得很荣幸！但一直没产生交集。不知道有没有机会传达到德普本人，很想和他成为朋友呀。

M：比起演戏，您好像更喜欢音乐和时装？ Q：自己年轻的时候很喜欢做音乐，但到了三十岁，过了三十五岁，逐渐体会到了做演员的乐趣，开始更投入演艺这方面，虽然之前也很认真，但现在对这个行业有更深刻的认知了。音乐方面，觉得把音乐从零开始做起来是很开心的事情。跟演戏不一样，音乐是从零开始做，演戏的话，是别人发出工作的邀请，自己来演绎这个角色，不是从零创造的。

M：据说您的母亲对您在音乐方面有很大影响？ Q：我母亲给过我一本性手枪乐队的黑色写真集，大概是初二的时候，直接放在我房间的书桌上，我看着觉得好厉害、很帅，我母亲就说，你以后可以跟他们一样。从此我就对朋克和相关的时尚风格产生了兴趣。从那时候开始身边多了很多朋克朋友，但在交往过程中会一直被人（不同领域的人）问：对你来说，朋克音乐到底是什么？身为演员是为什么？我觉得年轻的时候被问到这些事情是很好的，我会去想这两方面的工作该怎么做。后来一些前辈也认可了我，一边做影视一边做朋克音乐，我能同时兼顾这两边的事情。得到认可我非常高兴，感觉也找到了属于自己的一条路。

M：哈哈，聊聊您的乐队吧？ Q：十八岁的时候我就决定了要做演员，当时自己其实不太情愿，但是我父亲说你只能当演员，所以才选择了这条路。当时还没有感受到演员这行的魅力，所以并不是非常积极。就想如果没有别的事业的话，就先做着。但是音乐这方面我一直没有放弃。我的祖母跟我说，你如果真的喜欢音乐的话，可以一边当演员一边做音乐。所以我当时觉得不能放弃。从此之后也是很努力地在做音乐。在做音乐的过程当中，我觉得创作给我带来了很多愉悦，这份喜悦也传达到演员这部分，让我感受到了做演员的乐趣。
在做音乐的时候，我会切换回演员的身份，思考如何诠释一个角色，思考如何激发我作为演员的状态，我会更多地思考如何把这些东西活用起来。
跟普通音乐人不一样，我会思考自己作为演员的身份，因此在音乐方面融合了演员的属性。

M：作为演员和音乐人的区别是什么？ Q：两者完全不一样。演戏的话是拿到一个角色，到拍摄现场去把这个角色演绎出来。音乐的话，就像一会儿要演出，要把自己创作的曲子直接展现在观众面前，更接近真实的自己。音乐更有意思，可以跟自己的观众进行直接地交流。

M：对您来说什么是朋克精神？ Q：前辈教会了我很多朋克的内涵，让我找到了自己的路，但我也并不是要表现出来自己是个朋克。朋克精神对我来说很重要，具体是否要有外在体现，这一点我觉得不是很重要。

M：您的品牌 Jean Diadem 是怎么来的？ Q：我觉得自己并不是一个非常正式的服装生产商，说自己是一个服装品牌的话，可能对真正的服装品牌是失礼的。我现在基本就是想做什么就去做，自己画一些图，印在衣服上或者放到一些饰品上去。不考虑那么多，挺开心的。

2

3

DAY 3

4

1-5. 浅野忠信
出演过的电影：

《维荣的妻子》
《生在幼子》
《新宿天鹅》
《临渊而立》
《罗曼蒂克消亡史》

1

2

3

4

5

M：那么您做品牌是不是受母亲开古着店这件事的影响？ Q：也算是有，我小学的时候母亲就在开古着店，那时候就教会了我很多服装方面的知识。我觉得在那时学到的知识很受用。

M：品牌的名字是怎么来的？ Q：完全没有什么特别的意思。只是想要 j 和 d 的缩写。牛仔裤的英文单词“Jean”中的 j。本来考虑要不要用“钻石”，后来查到“diadem”这个词有皇冠的意思，就觉得牛仔裤加皇冠的组合很有趣。

M：会有顾客因为您是电影明星而关注到您的服装吗？ Q：应该没有。好像没什么人知道我在经营服装品牌。因为现在我在 Ins 上放一些自己画的画，这些图案会印在衣服、T 恤上什么的，看过我 Ins 的人可能才会知道我在做这个品牌。因为我瘾没那么大，一般是一块布上印些图（想把自己的画作做成成品），T 恤印个一百件，夹克二十件。一次不会做特别多。

ON & LIFESTYLE MAGAZINE
for Creative Living
APR 2016 No.144
［アイスクリーム］
定価 910 yen
REBELS, REBELS!

「自身の生き方に
合わせ色落ちした
ユーズドにこだわる」
FAVORITE BRAND
JEAN
DIADEM
ジーンディアデム
Before
01
最高のデニムフリークに、そのこだわりと美学を訊く!!
浅野忠信から学ぶ、
こだわる男のデニムの美学
デニムを愛するフリークは、それぞれ他人にはない
まさに「美学」とも言えるこだわりを持っているもの!
日本を代表する俳優・浅野忠信さんに、
語ってもらった!
HEROES IN TRENDS
潮
063
INTERVIEW WITH STYLISH MAN
浅野忠信
何事においても
出口を模索する中で
見えるものがある
アイテムを選ぶ基準までを大公開!
んだ理由。
PART 1
浅野忠信さん、野口 強さん、尾花大輔さん
お洒落な大人
「コレを選んだ理
忠信
NEVER MIND
NINE RULAZ

M：看来您是特别喜欢画画。Q：在我出生之前，我父亲曾经想当画家，家里有很多画具，我从小会和哥哥一起画画，久而久之就成了一种习惯，现在也是没事就画一些东西。我在 Ins 发自己的画，其实是因为在中国拍戏的时候觉得非常累，当时我是唯一一个日本人，没有人陪我说话，压力很大时，就会在休息室里随手画画，画完之后就会拍照，这个习惯后来就一直保持到现在。

Txbone：当时画的时候心情是不是类似“一个人好孤单”那种内心的呐喊。

Q：（一边说一边比画）“我该怎么办！我一个人该怎么办！”

M：现在日本青少年的服饰潮流，和您年轻时有什么不一样的地方吗？Q：应该和当年的时尚还是差挺多的，我自己还是只了解大叔的穿着时尚。衣服的设计如果是要面向年轻人的话，我会交给儿子来处理。

M：20 世纪 80 年代末、90 年代初，您觉得什么是帅的？Q：现在因为网络普及，我们看到什么，是可以直接接触到这些产品的。你想模仿什么风格，是能做到的。80 年代想要什么东西不是很容易拿到，只能拿现有的东西拼凑。当时想模仿什么风格，模仿出来之后，看起来其实还不太一样。当时穿得乱七八糟的人挺多的，很有活力，我觉得这是当年很有趣的地方。

M：您怎么看待电影对潮流的影响呢？Q：电影和潮流之间的关系是很令人感兴趣的话题，经常看一些电影，觉得这个衣服好看，我也想穿，就比如像詹姆斯·迪恩，看到他穿了一件红色的夹克，就觉得我也想穿。你看影视作品的时候会觉得“打扮得真好看”，是带着这种意识去看的，自己也想打扮成这样，“我想要那家伙的夹克、我想要买和那家伙一样的靴子”，这是很大的乐趣。如果穿得像他，就会有种自己也是主人公的感觉。这一点也是做电影的时候会考虑到的事情。

时装秀什么的，因为只是穿着服装在 T 台上走路，对服装没有特别实际的感受。而在电影中是动起来的，会穿着这样的服装开枪、弹吉他等，会让人很想模仿。我自己的品牌就是把时装秀和电影结合起来，我会在电影中穿自己的衣服来做宣传。

M：和您合作的电影人、艺术家中，谁的服装品位最好？Q：我想想……到底是谁呢。一起合作过的人吗？男演员的时尚意识都挺差的吧，啊！那个人！梁朝伟，来自中国香港。他非常时尚！不是在电影里面，在电影节的时候，我看到梁朝伟，觉得他的私服也非常时尚。

M：最后跟您的中国观众说点啥呗！Q：我想在中国办一次现场演出！SODA！我们会努力的！请务必叫上我们！我们会让现场很躁的！绝对会让大家玩得开心！我也可以演电影！开开心心的，边笑边跳舞，就这个样。M

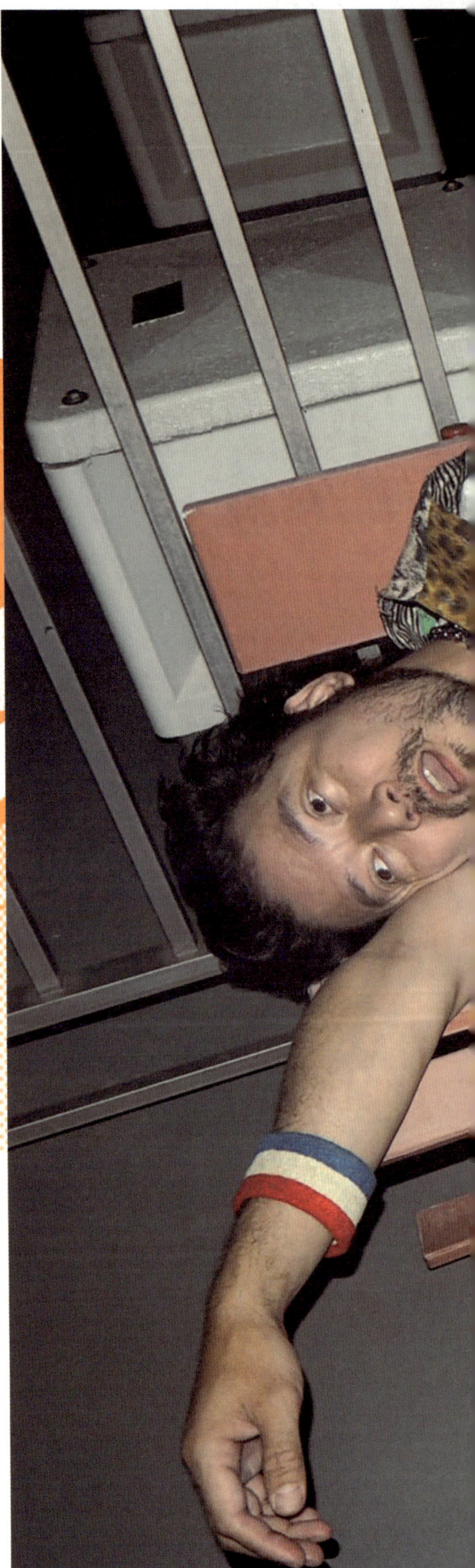

浅野忠信
在演出后台搞怪

浅野忠信

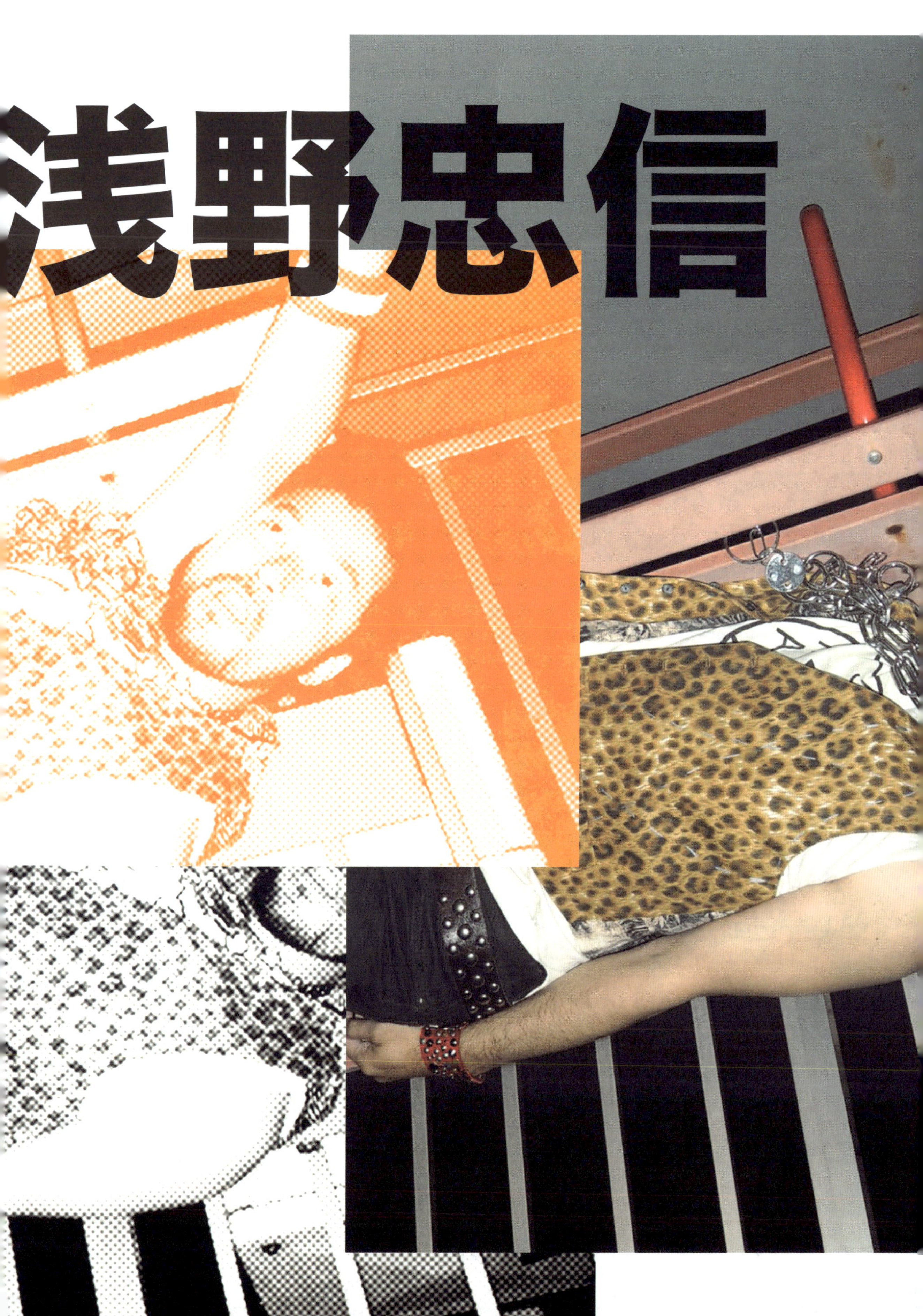

阿维驰（Awich）本名叫 Akiko Urasaki，“Awich”是“Asia Wish Child”（亚洲愿望小孩）的缩写。她在冲绳岛上出生、长大，自幼学习英语的她很早就对美国文化产生了极大的兴趣，然而，历史和美日之间的政治压力又使她对美国的感情变得十分复杂。从冲绳高中毕业后，她在美国留学并结婚生子，丈夫却在一次事件中去世了。经历了这场悲剧，阿维驰感到生命太短暂，于是带着女儿回到家乡，建立了名为 Cipher City 的营销 / 制作公司，推广当地资源。

AWICH : TOO COO FOR SHOPPING

阿维驰：酷到不需要逛街

撰文 _ 幺蛾　**摄影** _ Fujita/ 陶雷　**部分图片** _ 源自网络

我们到东京的第一个夜晚去了淘儿唱片（Tower Records）涩谷店，在一个非常显眼的位置发现了冲绳说唱女王阿维驰在 2017 年 8 月 8 日发行的专辑《8》的黑胶碟。过了没两天，我们就在円都组合的老大查克·祖鲁（chaki zulu）家中的录音室见到了阿维驰本人，此刻她正在准备和円都的成员一起演出。于是我、欧子、Txbone、查克和阿维驰开启了多人双语聊天模式。

摩登天空（以下简称 M）：去年 5 月的时候您去了中国的上海演出，可以跟我们分享一下您在中国的体验吗？阿维驰：我特别喜欢上海，它就像一个传统建筑和新潮文化的结合，很多高科技的东西，人们也很乐于表达。中国跟日本有很多不一样的地方，对我来说非常新鲜。大家对我的接受度也很高，虽然以前并没有听说过我或听过我的歌，但演出的时候大家都特别嗨，我随时都想再去。

M：那次演出合作的 DJ 是卡维亚（Cavia），您对中国说唱有了解吗？有没有特别中意的 DJ 或说唱歌手？阿维驰：卡维亚特别棒，他一 DJ 我就可以跟着跳舞。我也很喜欢海尔兄弟，也有一些别的说唱歌手很好，但我不确定他们是中国的还是韩国的，但对海尔兄弟我是真的喜欢。

查克：你回去不是还在油管（YouTube）上传视频了吗？

阿维驰：对，他们给我做了个视频。因为是在中国，所以是特别制作的，海尔兄弟的《中国制造》。那首歌特别棒。

欧子：我和海尔兄弟关系特别好，我把你的歌也发给他们了。

阿维驰：你发给他们了？希望他们喜欢。演出的时候大家都很喜欢。

欧子：他们 8 月份去日本参加 Summer Sonic 音乐节。音乐节结束之后咱可以一起玩儿。

阿维驰：到时候务必叫上我。

欧子：她（阿维驰）特别喜欢海尔兄弟（Higher Brothers）。其实国外的听众比较难了解到中国其他的说唱歌手，海尔兄弟知名度比较高，也是因为他们跟 88rising（知名亚裔音乐厂牌）签约，所以海外的宣传特别多。不过在中国，好的音乐人其实特别多。

阿维驰：确实是。我得多了解一下中国的说唱歌手。不论语调的抑扬顿挫还是中文本身的发音，都能跟说唱音乐特别契合，尤其是 Trap。

M：那日语呢？阿维驰：日语的话它比较平，有时候可以合得不错，有时候就一般。中文语调的起伏比较多，发音也多种多样，日文的话，就那么几种。

欧子：海尔兄弟的家乡是成都。成都话跟别的中国方言是完全不一样的。成都话更容易说 Rap，京片子就相对难点，估计不能做 Trap。这个与方言很有关系。

阿维驰：原来如此。

查克：我们还没去过成都呢。

阿维驰：我们去过广州和上海。

M：您觉得中国的观众跟日本的观众有什么区别吗？阿维驰：日本的观众需要对歌很熟悉才能嗨起来。如果是从来没听过的歌，他们就没什么反应。中国观众的话对这个无所谓，什么歌都能跳起来，真的能看到他们对音乐的热情。我觉得日本人对音乐，尤其是说唱音乐的热情没有那么大。对一些人来说，他们得能跟着一起唱才觉得高兴，但不太能跟着节奏本身律动。

查克：大家太害羞了。

阿维驰：对，尤其是周围一群人的时候，日本人很容易害羞，不太能放得开。放开的就是很忠实的粉丝了，会很关注你的歌，也都能跟着唱，真的很高兴。

M：您认为女说唱歌手在说唱音乐界有优势或者劣势吗？为什么？阿维驰：我觉得都有。女歌手的劣势就是又要像男歌手那样有力量、不好惹，又要同时展示出女人的性感，要有性吸引力。观众想在我们身上看到男性与女性魅力的结合，但男歌手只需要展现男性魅力就可以了。不过同时这也是我们的优势，我们可以玩很多不同的东西，有更多选择。我觉得很难，不过也很有趣。

M：说一说在亚特兰大的日子对您音乐创作的影响吧。阿维驰：我在美国亚特兰大和印第安纳波利斯都待过。发生了特别多的事儿，好的坏的都有。

M：当时怎么会想去美国呢？阿维驰：我就是特别向往美国。嘻哈的起源也是那里。美国也很戏剧性，每天都有好多新鲜事儿。还有一点就是我在冲绳长大，美国军事基地也是在那儿，隔着栅栏就能看见，所以对童年的我来说美国这个概念也很深刻。美国人各方面跟日本人太不一样了，我对美国也有很复杂的感情，有几分妒忌但也很向往……每次说到美国我都挺情绪化的。

M：您是哪年去的美国？阿维驰：大概是 2006 年、2007 年。然后在那边大学毕业。我当时是个优等生，还蛮喜欢学习的。

M：您的音乐中包含不同国家的语言，您认为语言对音乐有怎样的影响？您更倾向用哪一种语言说唱？阿维驰：有些时候很自然就用了某种语言，英语、日语、冲绳方言都会有。有时候我会特意选某种语言去吸引特定的观众。两种情况都有。

18TH

001

002

DAY 3.

阿维驰（Awich，本名 Akiko Urasaki）

- **PREPARED BY：** MODERN SKY ZERO: REZ ☐ / MODERN SKY ZERO: YUKO ■
- **OFFICIAL WEBSITE：** https://youtu.be/zd4ONUviSQY

INSTAGRAM： awich098

M：所以您写歌的时候会去考虑用哪种语言？阿维驰：写每首歌的时候其实都不一样，比如跟查克在一起的时候我们会一起讨论这首歌，为什么去写这样的歌，有时候就很自然地觉得，这里就该用日语。我们会考虑平衡，考虑一下观众喜好，还有我们想让这首歌听起来的感觉是什么。有时候我们一开始用英语写然后翻译到日语，有时候就直接用日语写。我倒很希望有个规矩，不过并没有。

M：可以谈一下您的公司密码城市（Cipher City）吗？阿维驰：我跟密码城市会经常做一些影片、节目和演出。目前我在音乐上投入的精力比较多，不过我在冲绳跟我父母也有一家餐厅在经营，主要卖一些冲绳的宫廷王府食物。我倒是很喜欢这些很有创意的事。

M：说说图派克（Tupac）对您的音乐创作产生的影响吧。阿维驰：是他让我遇见了说唱这种音乐形式。初中的时候，我想找点没听过的音乐听，所以去了一家唱片店随便拿了一张不知道是谁的 CD，那张就是图派克的《所有目光看向我》（*All Eyes On Me*）。我从来没听过这样的音乐。乐器、节奏、嗓音，都特别震撼，我马上就喜欢上了。后来我去查了图派克这个人的资料，十分欣赏他的性格，还有他的经历。我觉得我对家乡的感情也是因为他对他所在的群体很重视，这一点很受他影响。我也一直在回报家乡（冲绳），比如我建立了公司去用本地的资源来做一些节目、演出、影片等。我以后也会一直做下去。这是他教我的很重要的东西。

M：您有没有其他欣赏的音乐人？阿维驰：有很多。我很喜欢 Jay-Z。大众的小众的都会听。

M：您最近比较喜欢的专辑是？阿维驰：我最近很喜欢 Jay-Z 的专辑。海尔兄弟、BlocBoy JB（亚裔说唱男歌手）。我很喜欢雷鬼音乐。还有史蒂夫隆·唐（Stefflon Don），萨维蒂（Saweetie）的 *ICY GRL*，以及 Jay-Z 和碧昂斯（Beyonce）一起的那张。

Txbone：基本都是嘻哈，您听别的吗（乐队、摇滚、后摇）？

阿维驰：我喜欢听治愈系的。比如拉索斯（Iasos）的《神圣的声音工具》（*Cacred Sonic Tools*）。还有就是 Shwayze（美国说唱团体）和卡迪·B（Cardi B）。

欧子：拉索斯听起来很神圣。

阿维驰：对，我很喜欢大自然。比如冲绳的大海、瀑布。我喜欢这种神圣的曲子。

M：您的音乐作品包含了非常温柔的亲情、爱情成分，而说唱看起来是一种比较直白、坚硬的音乐类型，请问您是如何将细腻的情感加入说唱作品中的？阿维驰：其实是很自然的事情。我与脑中丰富的感情特别有共通感，需要流露的时候就很自然地流露出来了。

M：在与查克合作的过程中，产生了怎样的碰撞？为什么会选择这样的合作？阿维驰：也不太算是合作，其实就是一起做的。也是他先来找我，然后现在我也是円都的一员了。跟他一起制作很开心。他的接受度特别高。他就有可以把什么都能做得很牛的魔法。

两年前，我和查克在一个活动上表演，查克想要和我合作，正好我们有认识的朋友牵线，觉得可以进行商业合作。说起来还有些不好意思，我给他听了这首《罪》（*Crime*）。

1. 阿维驰
登上时尚杂志封面

2. 阿维驰
2017 年的单曲《REMEMBER》

3. 阿维驰
2017 年的全长专辑《8》

4. 阿维驰
特别演出海报

之前说邀请查克来我家里玩，我就想，这真的可以吗？一起去玩的时候，大家就把查克叫来了。平常他不太爱到别人家里玩，这次没想到他竟然会来。当时觉得还挺紧张。总之把他约过来了还挺开心的。从那次之后，我时不时地会向他请教问题，“这个曲子怎样”“我能不能去东京发展”等。后来就开始一起合作了。发专辑之前两三个月，我们和卡祖玛一起出去开车兜风、吃晚饭，我说我能加入円都吗，大家都觉得惊讶、也很开心。之后就算加入进来了。超级开心加入円都。很不同的人聚在一起，有种建立家庭的感觉。有个日本的电影叫《燕尾蝶》（*swallowtail butterfly*），里面有个乐队叫円都（Yentown），这也是我们円都的由来：很多不同背景的人聚在一起，为了赚钱打拼。

欧子：円都应该跟电影里的那支乐队一样有个女孩。

阿维驰：那估计就是我了！

M：对您来说，音乐和潮流的关系是什么？阿维驰：它们是紧密不分的。其实也是基本一样的东西，是文化和时代的一部分。

M：您有什么喜欢的日本品牌吗？阿维驰：查克的朋友有一个品牌叫 Abalone Toyo。他们早期也有联系我，给我看一些样衣。还有另外一个朋友的品牌，我跟我那位朋友也会讨论品牌概念，她也会根据我的想法做一些衣服，我就穿着去演出了。主要是品牌背后是谁在创造很重要。

M：所以您在时装界有很多朋友。阿维驰：是的。

M：都是街头风吗？阿维驰：我觉得不管是街头还是别的风格，都是一样的。它们都会互相借鉴，都是时尚的一部分。

M：有没有推荐的服装品牌？阿维驰：我不知道啊，都是别人送我衣服，一大箱一大箱的。我酷到不需要去自己逛街（笑）！普通人才去逛街啦。

M：那您平时去的夜店或酒吧呢？阿维驰：我也不太经常来东京。我来东京就是演出和录音。

Txbone：很多音乐人都选择来东京发展，您为什么一直留在冲绳？

阿维驰：其实我喜欢大自然，可以排除很多的杂念，这可以让我找到对我来说最重要的东西。

M：您经常坐飞机来东京，为什么不考虑在东京买房呢？

阿维驰：确实应该买！酒店账单吓死人了。不过我也一直想在冲绳买房。我经常去冲绳的酒吧和夜店演出，然后演出结束了就跟我的团队一起嗨，一起怂恿着喝酒。我们经常去的酒吧，叫血角色（Bloody Angle）吧。

THROUGH THE NIG WITH YENTOWN

円都之夜

撰文 _ 幺蛾　　图片 _ 源自网络

18TH

DAY 3.

円都

(Yentown)

001 ● **PREPARED BY :** MODERN SKY ZERO: REZ ■
MODERN SKY ZERO: YUKO □

002 ● **OFFICIAL WEBSITE :** https://block.fm/news/YENTOWN_is
INSTAGRAM : yentowntokyo

演出从夜里三点开始，我们有幸参观了円都的彩排。然而在彩排的时候，演出场地外就已经开始排上长队了。

欧子：整个円都聚在一起演出已经是很久以前的事了。

2015 年开始，円都已经成立五年了，一直在不断地壮大。刚开始只有几个人，现在人越来越多了。最开始的创始人是江克曼（Junkman）和查克·祖鲁（Chaki Zulu），现在江克曼已经不在了，当时是和他们这些人一起玩。大家都是来自不同的地方，部分成员这两年曾经来中国演出。

“特别喜欢中国，超开心的，玩得太疯把手机给丢了。知道中国有个软件叫探探。”“在中国演出虽然语言不通，但感觉是能够心意相通的，虽然互相都听不懂。”

ONE PERCENT

19TH

DAY 4.

One Percent: 北冈健太 （Anarchy）

INTERSTELLAR MOTIVATION OFFICE ★ I.M.O. EARTH • REZ&YUKO

001

● **PREPARED BY :** *MODERN SKY ZERO: REZ*

MODERN SKY ZERO: YUKO

002

● **OFFICIAL WEBSITE :** *https://the1percent.jp/*

INSTAGRAM : *onepercent.jp*

OF GENIUS 天才的百分之一

撰文 _ 幺蛾 摄影 _ Fujita/ 陶雷
部分图片 _ 源自网络

我们还聊了什么?
扫描二维码，观看 Anarchy 视频采访

对于在美国贫民窟长大的孩子来说，嘻哈文化仿佛是他们身上的胎记，是生活的一部分。你很容易辨认出一位说唱歌手真实还是不真实——看眼神就知道了。我们在 1% 工作室见到北冈健太的时候，他身上正趴着一只小白狗（名字叫“米饭”），背后是拗成工作室名称的 LOGO 字样的灯管。北冈健太坐在沙发上，笑嘻嘻的。

北冈健太曾是日本嘻哈厂牌 R 级唱片公司(R-Rated Records)的代表歌手，他出生在大阪，三岁时搬到京都，住在当地的公共住宅。他曾经是京都一个著名暴走族的成员，有人曾经这样描述他:“他穿着陈旧的帮派服装，像一位复仇者一样出现在每个派对中。”

十六岁的时候，北冈健太在电视上看到了日本著名说唱歌手横井英之的表演，于是深受感动的北冈健太将说唱当作了生活中的重心。2003 年，北冈健太独立发行的唱片《贫民窟的日子》(*Ghetto Day'z*)得到了 R 级唱片公司主理人 Ryozo 的赏识（同为老乡的他们其实很早就相识了）。在两人的努力下，北冈健太的第一张专辑在当时唱片市场低迷的时候依然大卖，北冈健太这个名字被越来越多的人知晓。九年前，他俩一起来到东京，在这里抓住了更多的发展机会。去年，Txbone 带北冈健太来中国 M_DSK 音乐节演出，欧子说:“我觉得每个看到北冈健太在台上的那个状态的人，都会深受感动的。”聊到最后，主编问了他一个问题：“你在什么时候会感觉特开心？”结果北冈健太瞄了一眼欧子手上的劳力士说：“你把这个给我我就特开心。”话音一落，全场乐了得有半分多钟。

摩登天空（以下简称M）：您喜欢听什么类型的音乐？ 北冈健太（以下简称A）：摇滚、雷鬼、嘻哈……都听，我的爸爸每天在家放摇滚乐，也算是种熏陶。爸爸既是主唱又是吉他手。

M：真的吗？您父亲的乐队叫什么？ A：我也不知道爸爸的乐队叫什么名字……不过我在京都演出的时候爸爸会来看。他也是文身师，我的文身都是他文的。这些图案也是专门设计的，大概十五岁的时候，爸爸就给我文了整个胳膊。

Txbone：太厉害了！文身的话，一般年满十八岁才能文。如果上学的时候文身会被老师骂、被赶出去。可你看他十五岁就已经这样了。

M：那后来您为什么选择了用嘻哈音乐来表达自己？ A：当时就是想和大家一起玩，朋克也好、嘻哈也好，任何音乐形式也好，最后选择了嘻哈这种形式。

1. **暴走族的视觉元素** 现在经常出现在潮流服饰上

2. **北冈健太** 造型风格自成一派

M：您会穿非常“嘻哈”的服装吗？您怎么看待日本的街头潮流？ A：我什么都穿，画风每年都会变。虽然以前很喜欢美国的服装，但现在觉得日本的衣服也非常讲究，觉得在日本也可以满足自己的需求。像这条牛仔裤就是我买来之后自己剪开的。

M：您和DJ Muro的合作是怎样的？ A：和穆如（DJ Muro）的合作很偶然，我在纽约的时候大家都问，你是日本人吗？你认识穆如吗？当时我觉得很感动，原来日本有这么受欢迎的DJ，于是我产生了想要认识他的想法。后来我在夏威夷商场里逛街的时候碰到了他，看到他之后，我赶忙跑回车里拿了唱片，冲过去搭话。就是通过这次契机结识了穆如，接下来和他一起合作了一张专辑。做了一张，后来就有了第二张，也就一直和他保持联系了。

M：其他合作的音乐人呢？ A：我和円都的老大查克·祖鲁作过一张碟，我很喜欢和制作人一起合作，相比于单纯制作自己脑内的东西，与其他人合作可以把几个人的想法融合起来，迸出新的火花。

2

M：为什么给这个厂牌起名叫 1%（one percent）？
A：作为一个说唱歌手，很重要的一点是明确自己想要传达出什么样的理念，把自己的想法通过音乐传达给这个世界。大家都想要做自己喜欢的、帅的东西，但能够做出来的毕竟是少数。可能在所有的人当中，真正能够做出属于自己作品的人只占 1%。我们就想成为这 1%，同时我们也希望能够做得更大。所以我们以后可能就叫 10% 了。

M：请给我们推荐几个 1% 签约的音乐人吧！ A：1% 旗下的，威利·温卡（Willy Wonka）和里昂（LEON）。威利·温卡今年二十二岁，很帅、很有潜力；里昂二十岁，来自大阪。

M：您是通过什么途径知道他们的？ A：现在很多高中会有说唱比赛，威利·温卡和里昂是其中比较有名的选手。我也会去看他们的比赛，很喜欢，也算是他们的“粉丝”，后来就去联系他们了。

M：那您在十八九岁的年纪是怎样的状态呢？ A：我年轻时只是一个会说唱的小混混（笑）。其实现在说唱音乐的大环境也在变好，接受度高，他们在这样的环境下，比我们那时候成长得更快。

M：在东京有什么特别喜欢的店和酒吧吗？ A：这个怎么说呢……因为都是认识的人……也不能算是喜欢吧！涩谷和原宿，除工作之外，基本都在这些地方活动。

M：您觉得《东京暴走族》那个电影怎么样？ A：就那个挺没劲的电影吗，太差劲了。还行，也就这么回事吧。M

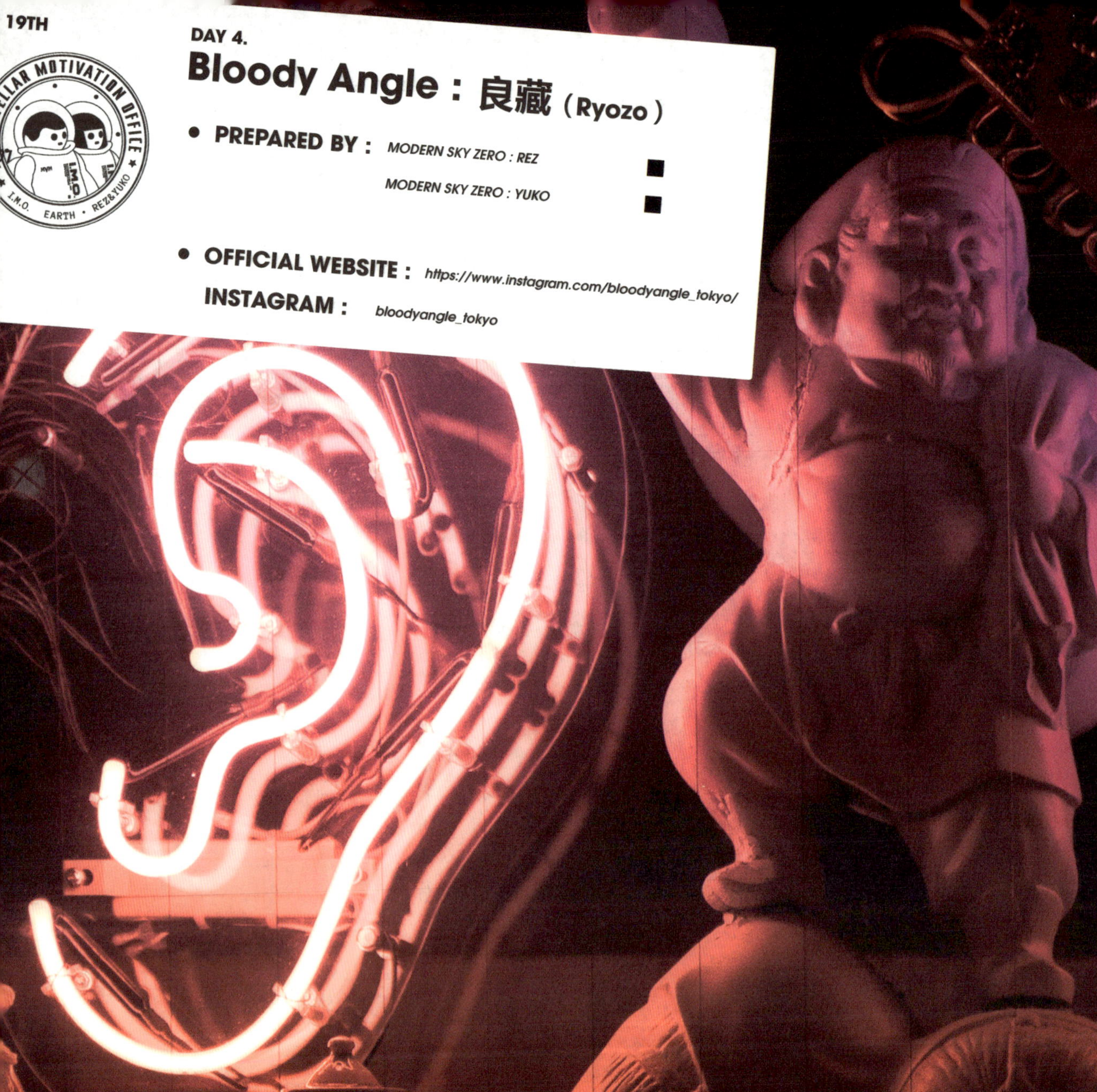

TREND BELONGS TO THE YOUTH

潮流属于年轻人

撰文 _ 幺蛾　**摄影** _ Fujita/ 陶雷　**部分图片** _ 源自网络

Ryozo 非常喜欢武当派（WU-TANG CLAN），也以武当派的音乐为线索，接触到了很多中国的文化，比如三国演义、阴阳太极之类的。这间酒吧的名字正是来自纽约唐人街的一块中国黑帮交战的街区 Doyers St——此地因为时常发生流血事件，后来就被人们称作血色角。

血色角是 Ryozo 在 2016 年年底开的音乐酒吧，酒吧里的装潢很像纽约唐人街的按摩店，窗户上放着被拗成“喜欢音乐”四个汉字的霓虹灯管。一进门，人的皮肤和颜色各异的衣服全会被暧昧的灯光罩染成深深浅浅的粉红。老板 Ryozo 爱穿个夏威夷衫，笑呵呵地站在吧台后迎接来客，酒柜上除酒之外，最显眼的位置，是三排塞得满满当当的黑胶碟。

出生于京都的 Ryozo 今年四十二岁，在东京待了约莫十二年，看起来年头并不是特别长，但 Ryozo 在音乐、潮流等领域浸淫已久，已成为东京文化场景构成中必不可少的先驱者一样的存在。所以虽然血色角地方不大，但口耳相传，常会有些名人光顾。

说到 Ryozo 与音乐的姻缘，能聊的可就太多了，Ryozo 算得上是东京嘻哈圈的见证者，最开始他是在 Avex 唱片公司工作，后来觉得以自己的名义做可能会更好，就成立了 R 级唱片公司，签约了北冈健太，并在出第一张唱片的时候就把北冈健太捧红了。而后，两人前往东京寻找更多的机会。如今尽管 Ryozo 自己不再专注于音乐，但他还着力于发掘新血。2016 年，他在阿贝马视频（AbemaTV，日本网络直播、短视频网站）平台上做了一档节目叫作《说唱明星的诞生》，找新生代的说唱歌手来比赛，年轻有才的威利·温卡和里昂分别是第一、第二季的优秀选手，此后，他们签约了北冈健太的公司 1%（One Percent ）。

1. **Ryozo**
讲起故事来滔滔不绝

2. **暴走族**
曾一度拥有自己的杂志

摩登天空（以下简称 M）：您和北冈健太很早就认识了？您对他最初的印象是什么？
Ryozo（以下简称 R）：对。我那时候开派对，北冈健太开着摩托过来想加入我们，可他当时还没满二十岁，还是中学生，不能进的，我就把他轰走了。

M：为什么从京都来到了东京呢？ R：十三年前，成立 R级唱片公司之后，北冈健太一下子成了明星。我觉得京都不太够他发展了，就说我们去东京吧。十二年前东京最火、玩得最疯的俱乐部是 Venus，那时候跟现在不一样，每天俱乐部里都有人打架，发生流血事件。他来的时候，正好就遇上了这样的时代。

M：您自己玩说唱多久了？契机是什么？ R：有差不多二十四年了。二十几年前，我们都是暴走族。通常暴走族都比较土，玩说唱的比较潮，衣服上有好多口袋什么的。那时候从头到脚都特别痞。

M: 聊聊您当暴走族时的经历吧！ R: 在我们那边，暴走族是十四到十八岁时玩的东西。那时候加入哪个派系与我们居住的区域有关。谁是前辈谁是晚辈是有规矩的，也是有传承关系的。暴走族有很多种。打架的、飙车的、用药的，我所在的那个区域的前辈们本来是一个很强的社团，但因为用了一些东西，变得越来越弱。北冈健太住的地方离我家很远，是南边的，他们超强，不让用药。如果用药的话，头目就会把你打得半死。他们非常严格。哪天没来飙车要挨揍，该出来时在家睡觉也要挨揍。老大会拿木刀揍他们。你需要忍受那边的暴政才能当上暴走族。京都第一强。二十年前在京都还有一本专门讲暴走族的杂志，叫《冠军》（*Champ*），当时你能经常看到一帮暴走族在便利店看杂志。大家都想变强，争取能接受采访上杂志（就跟我现在这样似的）。

ベニヤ職人目指して
セリカXX 54年式
とにかく自作の
ブポポポポッ
CBR400F
57年式
流行は若者に属する
東関東CRS連合會
四街道総本部 白井
DAY 4
流行は若者に属する

M：在您看来，什么是“酷”和“潮”？ R：我们当年暴走族流行那样的发型（拿手在头上比画了一个飞机头）、刺绣特攻服什么的。我绣了一个什么，其他团体也都要绣，这就是我们的时尚。那时候是这样的文化，后来从暴走族文化转向了嘻哈文化。我刚开始玩嘻哈音乐的时候，会模仿他们的服装风格。现在嘻哈出现了新的潮流，是年轻人的时尚。我年纪比较大了，不是特别懂了。我现在穿得更像放克（的风格），花衬衫什么的。店里有个员工是円都的成员，会穿那样的服装，我觉得也很好。

M：那时候玩嘻哈的人穿得怎么样？ R：和现在的东京相比完全不一样。十二年前才是里原宿的黄金时代。也是因为当时外国的那些牌子都还没进来，所以大家都穿本土的品牌。

M：您是什么时候开始做服装品牌的？ R：来东京之后，我和北冈健太逐渐也在东京积攒了人脉，拥有了能够单干的实力，所以就想出来做一些事情。我的夫人是造型师，说如果你想做服装生意的话，我可以帮你。我在纽约也认识了很多说唱歌手，他们把最酷的美国品牌引荐给我，所以开店也是水到渠成的事。正好有个名人洛奇（ROCKY）穿了 Elivila，这个牌子就火了起来。托这个品牌大卖的福，我有精力做别的事情了，才开了这个酒吧。

M：您为什么在酒吧里放了这么多黑胶唱片？ R：八年前陷阱说唱开始出现，很多音乐在俱乐部或现场看是很过瘾，但已经不像做老的嘻哈音乐那样需要淘碟什么的了……我在这里接待客人的时候会真正地放黑胶音乐，也希望通过这个酒吧让大家了解到嘻哈的历史。在店里放音乐最神奇的是，放嘻哈的时候有些人会产生共鸣，放其他音乐时也有部分人会产生共鸣，但放詹姆斯·布朗（James Brown）的时候所有人都会有共鸣。

M：对您影响最大的音乐人是？ R：最开始吸引我的是匪帮说唱、图派克等，但真正打动我的是武当派，因为他们有很多东方元素，我从其中找到了一些共鸣，听的音乐也从美国西海岸说唱风格到东海岸，比如“臭名昭著大先生”（Biggie）、纳斯（Nas）。

M：您这边整体的装修风格也有很多中国元素。 R：我本来就很喜欢中国文化，但没去过中国。欧美有很多中华风格的街道，我特别喜欢逛。像有的地方，看外面是个按摩店，里边却有个酒吧，我觉得很帅。

M：您为什么开始做《说唱明星的诞生》节目呢？ R：跟北冈健太一起在大唱片公司做了三年之后，后来我沉迷经商，在服装和媒体积攒了很多资源，但没有太多和艺人在工作上的接触，所以现在很难吸收新血了，有点后继无人的感觉吧。所以做了《说唱明星的诞生》。

M：您做过的唱片中，印象最深的是哪张？ R：北冈健太的第一张专辑吧，这张专辑在下载猖獗的年代依旧大卖。可以说是这张专辑改变了我们的人生，结束了以前混乱的生活。

1

2

BLOODY ANGLE

DAY 4

3.DOMICILE
是 Ryozo 经营的服饰买手店

4.DOMICILE
店内的装饰充满日本韵味

3

4

1.DOMICILE
店外是一个独立的庭院

2.DOMICILE
院内的沙地和取水装置也很日本

VIVID

本没有人做过的事情：开一家脱衣舞俱乐部。装修风格是假设俱乐部建在 2050 年的日本。“闪光的未来”、撒金钱雨的感觉。每天请的 DJ 都是东京最厉害的。

我在音乐领域的活动也不会停止的，该做的还会做。比如在之前的节目里选出了里昂，而北冈健太尽管和我不在一个公司了，但他对我来说就像亲人一样。现在拿音乐赚钱的方式跟以前不一样了。如果有外国的电视节目、综艺等有邀请演出的话，我也希望可以由此看看我们的音乐在世界的受众如何。如果能带着大家去中国演出的话……我们去中国应该能红吧？（笑）

M：最后一个问题，您怎么看待潮流趋势？ R：潮流果然还是年轻人的东西啊！我们要把他们的个性和才华放大，而不是完全由我们来打造。我们做的事情就是负责把年轻人的才能发掘出来。

Girls Don't Cry
主理人弗迪在涩谷的俱乐部里

Girls Don't Cry
非常有辨识度的 LOGO

礼拜五晚上，我们和 Txbone 一行人在涩谷特别有名的俱乐部 Sound Museum Vision 约见。想着也是忙活好几天了，终于能放松一下、听听音乐蹦个迪，在酒店临出门时视频组的同事纠结要不要背着摄像机出门，想半天，说：“那还是背着吧！”不怕一万，只怕万一不是？

结果这“万一”还真就发生了。果然涩谷的俱乐部不简单，彩灯和烟雾里不知道藏了多少名角儿。我们在后台惊讶地碰见了在 Ins 上大火的 Girls Don’t Cry 的主理人弗迪。Txbone 看见他之后特别兴奋，念叨着：“今天可来对了！”然后特开心地过去跟弗迪介绍说，我们来自中国，可不可以一起坐坐、聊聊天。

弗迪特别爽快地说：“好啊！”然后我们就跟这位年轻又时髦的主理人在后台的长椅上说了会儿话。

DAY 4.

Girls Don't Cry: 弗迪（Verdy）

INTERSTELLAR MOTIVATION OFFICE · I.M.O. · PLANET EARTH · YUKO

● PREPARED BY : MODERN SKY ZERO: REZ
MODERN SKY ZERO: YUKO

● OFFICIAL WEBSITE : eyescream.jp/classroom

INSTAGRAM : Verdy

GIRLS DON'T CRY

女孩不哭

撰文 _ 幺蛾　摄影 _ Fujita/ 陶雷
部分图片 _ 源自网络

Girls Don' t Cry
不论 LOGO 还是蝴蝶图案都充满“女孩感”

一段时间以来，Girls Don't Cry 和 Undefeated、Union、Seven Even、Undercover 等品牌疯狂联名，由此可见 Girls Don't Cry 的火爆程度，没有网店、没有长期代理店，只靠打造一个个艺术主题游击店，就在很短的时间内聚集了超高的人气。

Girls Don' t Cry 的游击店非常有特色，每次都会根据场地和合作方的不同做相应的细节调整，以“Wasted Youth”（浪费的青春）为主题的展览，标志性视觉元素是一个扭曲的易拉罐上插着一朵玫瑰。

“Girls Don' t Cry 太火了，只做了两年多的时间，就已经在全世界有了好多粉丝，” Txbone 说，“在日本和美国发售 Girls Don' t Cry T 恤的时候，永远都是排着四、五百人的大队。”

曾经在 VK DESIGN WORKS（知名潮流网站）做音乐领域平面设计做了八年的弗迪，涉足时尚领域之后一下子火爆起来，这让弗迪也觉得有些惊讶。“很感谢这件事。”他说。在这里，未来大概还会有多有意思的事情发生吧。

SWINGING FASHION
摇摆的时尚

文_幺蛾　**摄影**_Fujita / 陶雷　**供图**_Deluxe

Deluxe 的主理人修（Hue）先生的工作室在 bridge 店铺的楼上，我们开车过来时路过了一个满是《丁丁历险记》周边的小店，不远处还有个卖很多好看墨镜的铺子。1999—2003 年，修居住在美国纽约，受到当时美国嘻哈风潮的影响，回日本时，他将在美国的见闻一并带了回来。我们在修的工作室见面，聊了会儿设计灵感、在纽约的生活、“9 · 11”的遭遇，等等。虽然修现在常以白 T 恤、黑裤黑鞋加墨镜的形象示人，但他从前可是个朋克，后来因为喜欢嘻哈文化还把头发烫成了爆炸头。他的设计和本人的性格一样闷骚，看着日常又好穿，可是吧，从某些细节还是能看得出来骨子里的不安分。

采访结束后，修拿出一个装满别针胸章的小桶，说让我们拿一些当作礼物。其中一个胸章的纹样上有“PMA”的字样，我问他是什么意思，他说是“积极的心态”（positive mental attitude）的缩写。至于为什么会制作小别针胸章……请往下看！

20TH INTERSTELLAR MOTIVATION OFFICE · I.M.O. · EARTH · REZ&YUKO DAY 5. **Deluxe:** **修（Hue）**	001 **PREPARED BY :** *MODERN SKY ZERO: REZ* *MODERN SKY ZERO: YUKO*	002 **OFFICIAL WEBSITE :** *http://www.magicstick-xxx.com/* **INSTAGRAM :** *naotakakonno*

Deluxe
品牌的店员穿衣风格与修保持着一致

摩登天空（以下简称 M）：修从什么时候开始对时尚感兴趣的? 修（以下简称 H）：最早还是小学吧，那时候在东京有个 DC 品牌热潮（DC，brand boom，1985 年到 1988 年），川久保玲和山本耀司这两个品牌特别火。我当时上小学，没什么钱，我只能看哪些便宜的东西能附带这两个牌子的赠品，拿着这些东西去学校。

到了高中的时候，类似 Txbone 这种偏文化的风格开始流行，我也感受到了冲击，开始质疑之前追求设计师款没有内涵、不是真正的时尚。很多玩朋克的人颠覆了迄今为止的时尚概念，当时我看到这些新的大量涌入的文化元素，开始感觉自己原本追逐的时尚是虚假的，就想接触这些更加真实的东西，比如音乐，于是先从朋克、疯狂摇滚（psychobilly）的音乐和服装开始。

M：那时候穿的朋克风衣服什么样? H：在接触朋克和疯狂摇滚之前，会穿一些高桥吾郎的夹克跟那种比较歇斯底里的带链条的裤子。当时自己穿朋克风格比较明确一些，就开始花钱买这样的物品。

Txbone：修先生以前特别狂野。

H：也不是啦，就是跟很多比较野的男孩成为朋友。

后来东京的潮流进入涩谷休闲时代（Shibukaji，20 世纪 80 年代后期至 90 年代），与 DC 相反，主要流行 polo 衫、乐福鞋、牛仔裤等简约风格，后又变成了美式风格。大概就是这样的历史，我也经历过一段戴 Goro's（高桥吾郎的银饰品牌）的时代。涩谷休闲时代经常出现的牌子有拉尔夫·劳伦（Ralph Lauren），Agnes B. 之类的，差不多就是这个时候认识了现在的一些前辈。经过涩谷休闲风之后接触到了一些更加接地气（Real）的前辈，后来去了纽约，接受了嘻哈音乐的洗礼。

M：在美国待了几年? H：大约三年。那大概是 20 世纪 90 年代后期，Supreme 也开始火了起来。千禧年之前出现了一次滑板鞋（Sneaker）浪潮。那时候我也跟大家一起玩滑板。说晚上要去看展，各自回家重新集合之后发现大家都换成了衬衫出来，然而当时就我没换衣服。这件事给我印象很深……感觉板仔们也有这样的意识真是太时尚了。

M：当时里原宿风格也起来了? H：正好是在这个时候，和创造了里原宿风格的高桥盾、长尾智明（NIGO）、藤原浩等人在伦敦夜（London Nite）俱乐部相识，那时候大概是 20 世纪 80 年代，正好处于涩谷休闲风潮后的过渡阶段。正因为有伦敦夜，高桥盾才创立了 Undercover，长尾智明开始搞 Nowhere，由此产生了里原宿文化。

M：那时候原宿街头是怎样的情况呢? H：哈哈，我不属于特定某个帮派，就是在各个帮派之间周转。不过其实大家也都是朋友。比我更认真搞帮派的人多了去了。

Deluxe
专门店内的陈设

DAY 5

1 ID 手环
可刻字（经典款）
纯银与铜两款

2 WILDTHINGS 联名羽绒服
当季特制款

那个年代有很多小的团体，有很多像电影《战士帮》（*The Warriors*）中那样的帮派，各个不同的帮派会在中央街那边约架，那时候中央街特别危险，会有些针对穿特定品牌的人展开的“goros 狩猎”“红翼工装鞋（red wing engineer）狩猎”之类的暴力强盗行为，看到穿这些的人就会去恐吓、抢劫等。

M：后来为什么选择服装当作职业呢？ H：从小学的时候开始就是这样，很喜欢音乐、服饰，一直在追这些东西。那个年龄的孩子很多人会想以后要当飞行员、棒球选手，但我基本没有这种想法。有考虑过电影方面，但觉得难度太高了，也没想当演员之类的。在这个时候，我就想音乐和服装这两条路如何？

我小时候曾经梦想成为音乐人，写写作品、出专辑，出专辑之后休息一段时间，什么时候有灵感了就继续创作，曾经憧憬过这样的生活。音乐是一种非常具体的东西，服装就比较抽象。当时出现了一个转折点，就是我在二十六岁的时候遇见了许多前辈，从而开始觉得服装也挺不错的。20 世纪 90 年代左右我在原宿的服饰店“花衣魔笛手”（Pied Piper）工作，这个店的风格更偏时尚、主流一点，不过我通过这份工作接触到了很多前辈，受到他们的影响，自己开始觉得不良风格、街头风格也挺帅的，于是决定自己去趟纽约。

去纽约的时候，我已经决定只给自己留音乐跟服装这两条出路了，就对这两个领域特别上心，还做了爆炸头，变成了嘻哈风格，这时候开始思考下一步怎么走。当时感觉做 DJ 的人风格也跟自己不太一样，最后就只剩下了服装这一个方向，感觉自己应该能在这个领域赌一把。

M：在纽约待了多久，后来为什么回来呢？
H：我是二十六、快二十七岁的时候去的纽约，待到三十岁就回了日本。回日本主要是因为发生了“9·11”事件。事发当时我正在睡觉，室友把我叫醒了，发现好像成了世界末日一样。恐怖袭击发生之后，我觉得自己没有继续待在纽约的理由了，于是就回来了。

回来之后就进了“牛腩”（Tenderloin）。k7 是当时“牛腩”的子品牌之一，是边见馨（Kei Hemmi）在还是组员时代的时候建立的一个组织。我当时是助手，做设计的是前辈们。现在的合伙人渡边，也是当时“牛腩”的元老之一。

欧子：你离开“牛腩”是不是因为他们太危险了？
H：哈哈，不是呀。虽然的确它给人的印象是太危险了，但是是褒义的那种。边见馨的“牛腩”有一种很帅气、不良的风格。我离开其实是因为和自身的风格差别比较大，所以就自己出来做了。
欧子：真的不是帮派吗？

H：不是啦，只是一帮志趣相投的朋友，类似小团体那样，但不是帮派。都是我非常尊敬的大前辈，是在这条路上对我提拔很多的一群人。元老们后来也都有不同的志向，想探索一些不同的道路。我去了美国，也有人后来做了音乐等。

M：那么多年过去了，您觉得东京的街头风潮最大的变化是什么？
H：我年轻的时候，流行骑自行车和玩滑板，都是受美国的影响，同时也受到了英国放克和传统主义（包括时尚方面）的影响。在下一个时代这些风格就进化成了一种新的文化，就是嘻哈文化。到现在又有了新的诠释，时尚和音乐都发生了变化（代表人物如坎耶·韦斯特），日本受到了很强烈的影响。无法否认的是，当我们在思考东京的时尚风格是什么的时候，我得出的结论是它是一种折中文化。日本人很擅长把别的国家的好东西拼拼凑凑，混合创造新的东西，把琐碎的东西挑出来，钻研得甚至比源头国家还要精细。

M：怎么看待联名这件事？ H：一方面希望通过与比自己知名度更高的品牌合作，得到宣传自己品牌的机会；另一方面希望和衣服质量好的品牌比如 WILDTHINGS 合作，让自己的商品可以维持好的质量。

M：职业生涯中自己最骄傲的事情是？ H：觉得很值得自豪的是可以像这样继续经营下去，认识一些新的人。让我很开心的事情是参加服装展会。我连续参加了十六年，有些人一直都在，也有很多新人。在这种场合中，人与人之间的联系是十分宝贵的。除 Deluxe 之外，我也在做其他的项目，一些作为个人做不到的事情，可以以品牌的身份传达一些信息，这一点让我很有成就感。虽然有十五年了，但活跃在现场的前辈还是有很多的，原来感觉远在天边的前辈，现在也可以一起喝酒，有的前辈就会说，“我从很久之前就开始关注你了”，然后我就特开心。

M：您还记得拥有的第一张唱片是什么吗？ H：第一次买的是性手枪的《没关系》（*Never Mind The Bollocks, Here's The Sex Pistols*），一开始喜欢朋克。最近放的比较多的是事后烟（Cigarettes after Sex）的音乐。

M：品牌的名字是怎么来的？ H：这个词对于很多人来说是有不同意思的，高级的意思，比如说你在看演出的时候看到喜欢的明星的免费小别针或其他周边，虽然是免费的，但因为是你喜欢的明星，所以也是宝物。我希望对于我的客人来说，买到的这个品牌的衣服也可以成为 Deluxe 的东西。

M：如果把自己的品牌比作一个名人的话，会是谁？ H：这个太难回答了，觉得自己高攀不上。成龙？哈哈哈，开玩笑的。因为自己的品牌时间也不长，新也不算新……啊……想不出来呢。

LOVE IS THE INSPIRATION

爱是潮流的灵感

文 _ 幺蛾　摄影 _ Fujita / 陶雷

20TH　DAY 5.

Magic Stick：今野直隆

(Naotaka Konno)

001 • **PREPARED BY：**

MODERN SKY ZERO: REZ ■

MODERN SKY ZERO: YUKO □

002 • **OFFICIAL WEBSITE：**

http://www.magicstick-xxx.com/

INSTAGRAM：

naotakakonno

Magic Stick 的老板叫今野直隆。Txbone 和他见面的时间都是在晚上，用欧子的话讲是"一起在外边躁"。采访当天正儿八经地站一排聊品牌的事情，这种状况十分少见。（Txbone："有些问题想请教，还请老板高抬贵手。"）Magic Stick 一开始是做派对活动的，当时做过的最大的一次活动中还把美国说唱歌手 YG 请来跟北冈健太合作了一首歌。

Magic Stick
店内的 Slogan，话糙理不糙

Magic Stick
与 NIKE 联名发售的 AirForce 球鞋

摩登天空（以下简称 M）：为什么叫 Magic Stick（魔法棒）？
今野直隆（以下简称 N）：我一开始不是卖服装的，就是给大家提供一个开派对的地方，魔法啦，让大家开心嘛。
Txbone：今野先生做活动特别有经验，在晴海办过“公共实验室”（Public Laboratory）这一类的狂欢节。也做过一些别的乱七八糟的。

M：为什么当时会想到办这样一个活动？ N：因为没人做这样的事。既然没人做，我想那就我来吧。赔了好多钱。

M：什么时候开始对时尚和潮流感兴趣的？ N：大概都是小学的时候，因为希望被女孩子注意，所以开始装扮自己。真正关注时尚是从李维斯开始的。

M：能给我们讲一下你们推出的耐克合作联名这款鞋吗？是谁先提出合作的？ N：很感谢这个机会，这个联名款是在 2017 年 2 月发售的，当时耐克找到我问要不要试着设计一款联名款，做着做着两边都觉得很满意，便推出了这款。我自己是耐克的铁粉，偶尔也出席他们办的活动，前段时间去参加了一个耐克 Air Max 的会议，在洛杉矶，全世界只请了十二个人。

M：发售的时候特别厉害，排的队特别长吧？ N：来了多少人我也不知道，但是一天都卖完了，三四千双，队伍整整绕了原宿一圈。

M：音乐和电影方面有没有特别喜欢、受到影响特别大的？
N：音乐主要还是听嘻哈，高中的时候就特别喜欢，喜欢球鞋主要也是因为受到嘻哈文化的影响。电影的话是《低俗小说》《疤面煞星》吧。

M：最喜欢的专辑？ N：啊，这个我真的不知道，得给我十五分钟的时间想一下。最近的是 Jay-Z《黑色专辑》（*Black Album*），近期很喜欢的一张。

M：你们的门面不太好找，如何吸引顾客呢？ N：这是故意的，不希望人特别多，弄得自己特别忙。希望只有少数了解它的人来，想做成那种“隐家”，只用懂行的人才来。另一方面，这里离 2020 年奥运会场走路只要步行五分钟，所以更想低调一点。

PARADISE T

撰文 _ 幺蛾 **摄影** _ Fujita/ 陶雷 **部分图片** _ 源自网络

20TH

DAY 5.

Wacko Maria:

Keigo/Ryuhei

001

PREPARED BY :

MODERN SKY ZERO: REZ
MODERN SKY ZERO: YUKO

002

OFFICIAL WEBSITE :

https://wackomaria-paradisetokyo.jp/

INSTAGRAM :

wackomaria_guiltyparties

OKYO 天国东京，怪人甚美

PARADISE TOKYO PARADISE TOKYO PARADISE TOKYO PARADISE T

東京、風変わり、美しい

我们在东京的制片人柳哥特别喜欢 Wacko Maria 的衣服，穿了有十来年了。木村拓哉和洼冢洋介等带货王也都穿过 Wacko Maria，潮男洼冢洋介是一直保持着和品牌的联系，而木村拓哉在拍偶像剧的时候穿过 Wacko Maria 的衣服，结果不出意外地卖到了脱销。

Wacko Maria 到现在已经十三年的历史了，是由主设计师森先生跟朋友一起成立的。比较有趣的是，跟大多数品牌的主理人不同，森先生以前是运动员出身，训练非常刻苦的那种，二十岁的时候他开始对雷鬼酒吧和俱乐部等感兴趣，但当时每天都要踢球，所以并不会喝很多酒。直到隐退之后，他开始觉得可以朝这个方向试着做一些事情，就在中目黑开了一个酒吧叫“稳如泰山”（Rock Steady），就是我们今天来的“天国东京”旗舰店。

从“稳如泰山”到 Wacko Maria，最开始是买成品 T 恤在上面印花，当时他们最喜欢的主题是帽子和女性。除印 T 恤之外，他们还开玩笑一样做了好多足球运动员的球衣。帽子嘛，大概就是受到吉姆·贾木许、约翰尼·德普、汤姆·威兹这些人的影响，森先生觉得在电影里边他们戴的帽子都挺好看的。所以在 Wacko Maria 的着装中，礼帽、草帽等帽子在搭配中是不可缺少的。

“天国东京”这家店既是商店又是酒吧加咖啡吧，开派对的时候还会用复古音响系统播放黑胶唱片。森先生说自己设想了一个有荒木信哉、宫崎骏、昆汀·塔伦蒂诺、拉里·克拉克、威廉·埃格尔斯顿，让－吕克·戈达尔和毕加索的世界。所有唱片、音乐和电影都会永远存在下去。“我相信这就是天堂——你喜爱的和连接到的所有事物的集合。”就是一个卖喜欢的东西、放喜欢的歌、喝喜欢的酒的地方，非常自由、轻松。

所以 Wacko Maria 什么产品都会想试着做一做，也会和森山大道、尼克菲斯(NECKFACE)等知名的艺术家合作，还做过各种首饰和颇有雅典意味的圣母玛利亚香炉。单单做服装没办法体现他们的生活方式，所以他们把很多生活用品也纳入产品线中，比如打火机、专门喝龙舌兰酒的杯子……

服装方面，现在主推的是夏威夷衫，各种各样花型的夏威夷衫，透着一种热带气息。这也成了店里的标志性产品，设计很能显示出身体的线条。“也是非常搭配雷鬼音乐的服装呢。”店员说道。2017 年 Wacko Maria 还向牙买加雷鬼音乐奇才李·派瑞（Lee Perry）致敬，推出了“天国东京”字样、夏日定番夏威夷衬衫与短裤，以及“拉斯塔条纹”（Rasta Stripe）雷鬼图样单品，还请来洼冢洋介等人来开了场雷鬼派对。

他们在音乐云（Sound Cloud）上有一个固定的音乐节目叫作“杀人音乐放送局”，时长大概为两个小时，有各种各样的音乐。办活动的时候，老板偶尔亲自当 DJ，多才多艺。M

SUPER HOT BREEDING TIPS
HIGH TIMES
POT & SEX
GUILTY PARTIES
PARADISE TOKYO
PARADISE
醉生夢死
HIGH TIMES

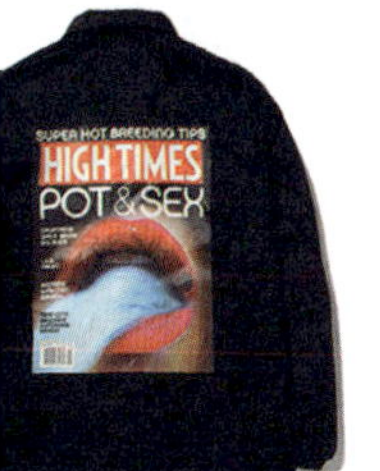

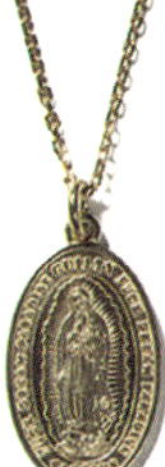

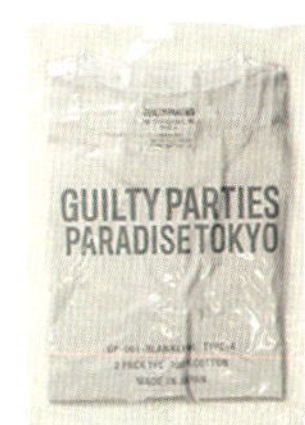

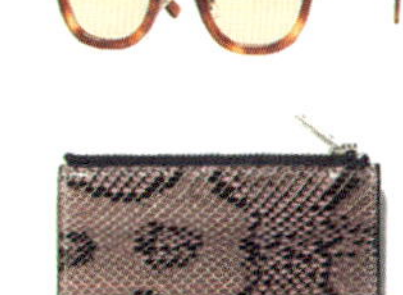

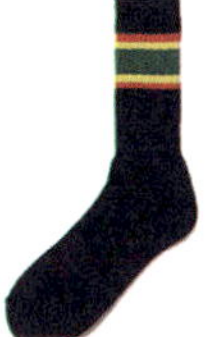

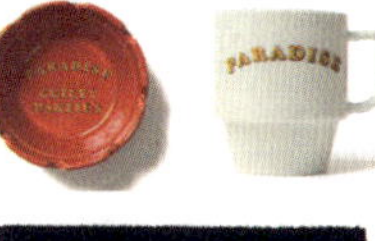

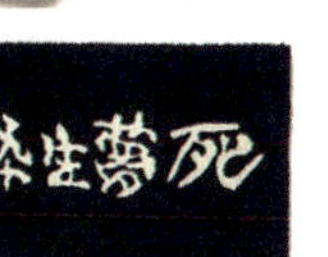

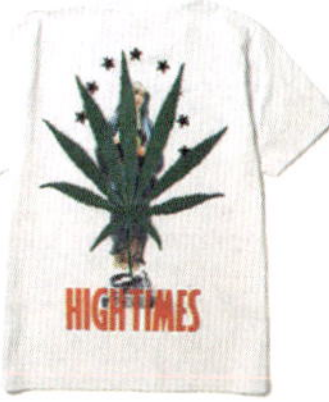

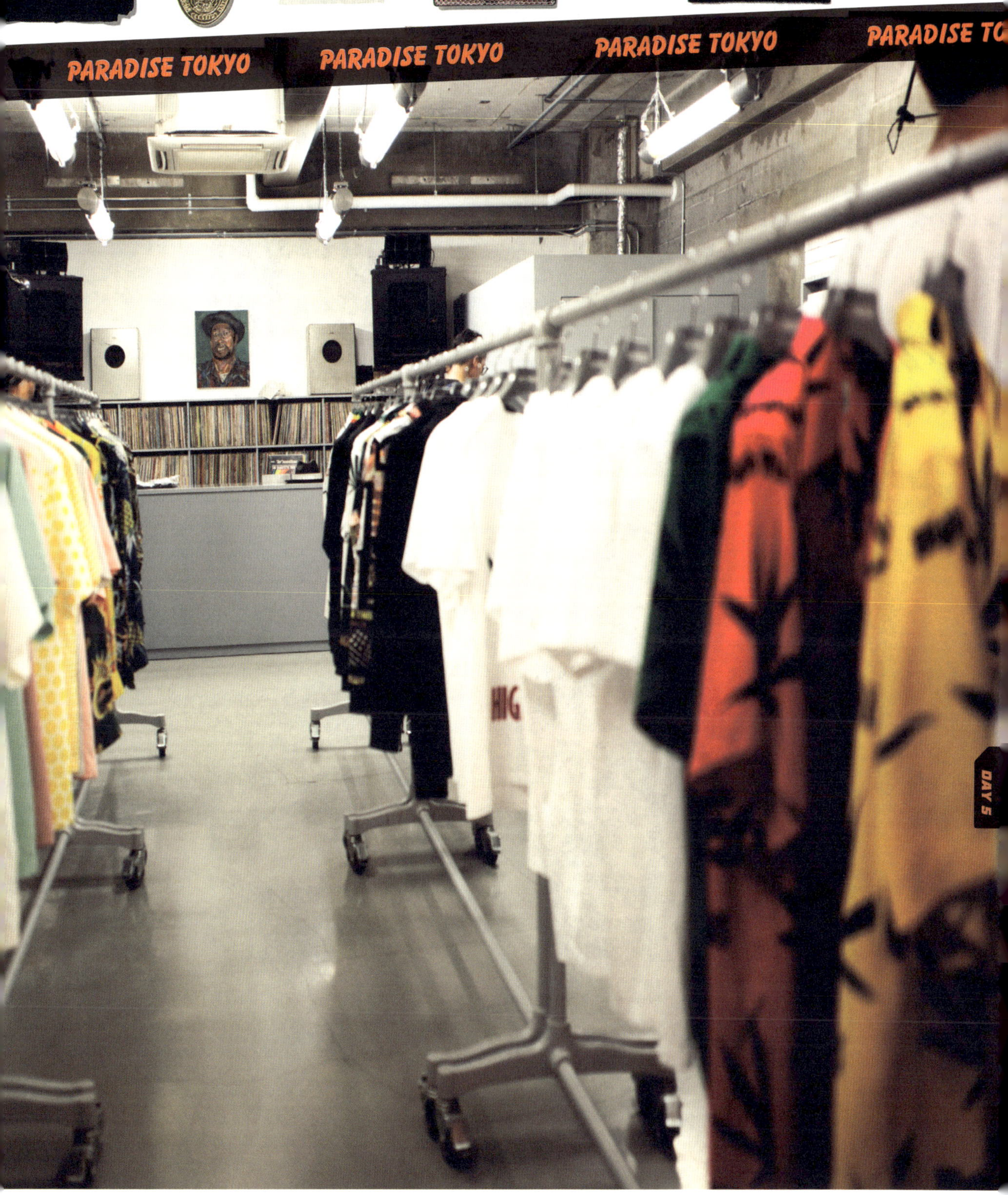
PARADISE TOKYO
PARADISE TOKYO
PARADISE TOKYO

中目黑的 Wacko Maria 的旗舰店“天国东京”的两位员工，一位是负责海外部分的公关圭吾 (Keigo)，另一位是负责日本国内的公关隆平 (Ryuhei)。

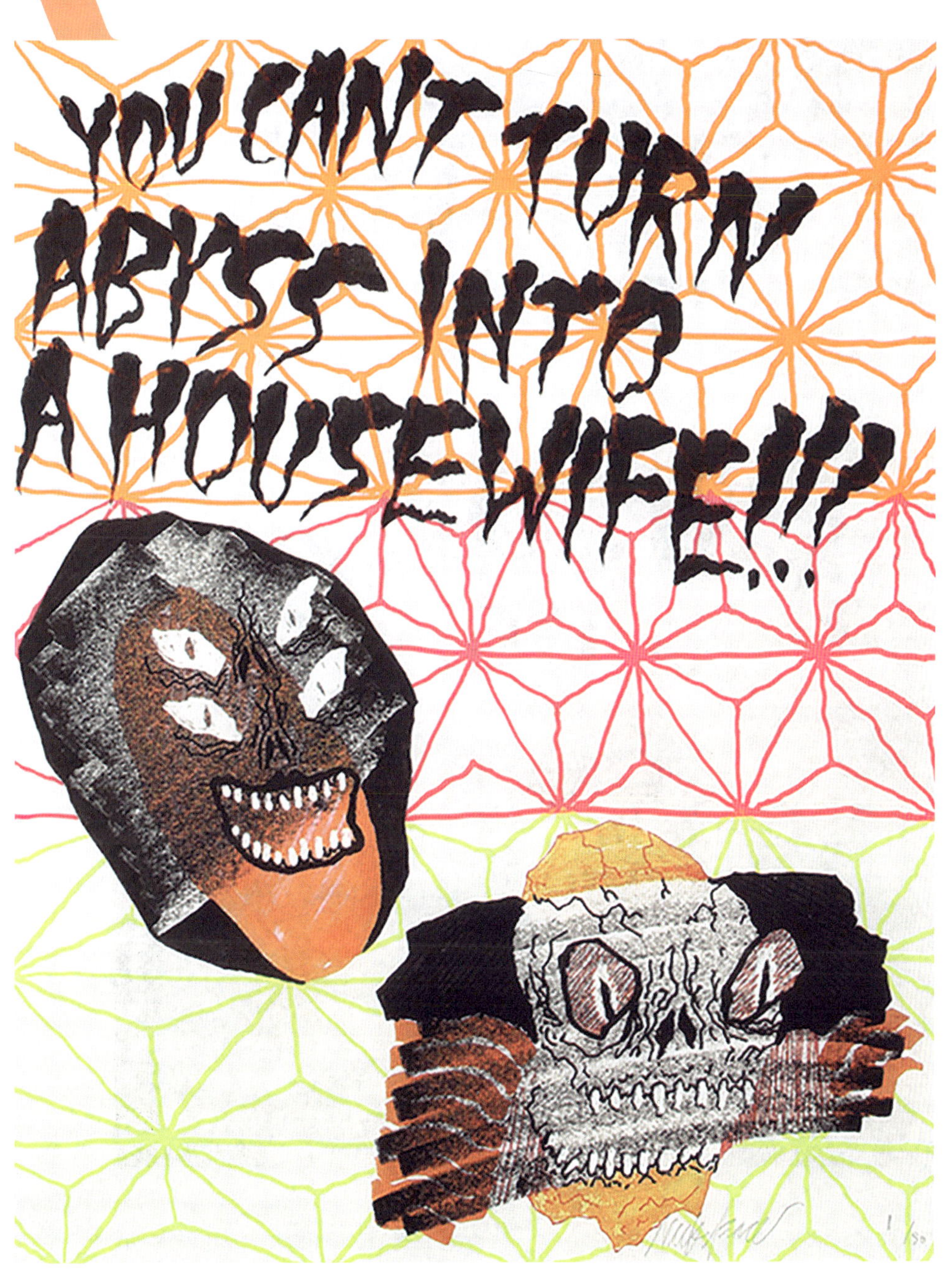

Guilty Party 的标语源于 Rage Against The Machine(暴力反抗机器，美国说唱金属乐队)，一直沿用至今。

DEVILS IN THE DETAILS

细节是魔鬼

撰文_幺蛾　**摄影**_Fujita/ 陶雷　**部分图片**_源自网络

一天下午，我们来到了位于原宿的帽子店 Hwdog。

Hwdog，即 Headwear Dog，美国俚语中的意思是“轻浮的男人”。店长鹤卷文也（Fumiya Tsurumaki）说：“觉得这词说的就是自己啊。名字里也有狗，就可以拿狗当吉祥物，店里还能放一些狗的摆设当装饰。”

以前这儿是卖衣服的，但是服装的范围有点广，后来店长想就只做四五种东西，再加上帽子。后来发现做帽子的工艺跟做服装还挺像的，就专职做帽子，做了四年了。十年前这家店有别的名字，后来文也开启了这个品牌，开始自己设计、制作和运营，也为其他品牌代工。

Hwdog 的产品以旧时代的产品设计为基础做改良，欧子一边对着镜头展示帽子里边的缝线一边赞叹道:“我们在国内研究过 Hwdog 产品的工艺，发现有很多工艺国内工厂做不了。因为是遵循当年的设计，使用的老机器，所以很多细节不仅看起来像当年的，其实根本就是用古老的方式做出来的。”

采访进行当中，一位大爷推门进来，店长说这是一个英国品牌的设计师叫大卫，现在他们正在合作。大卫冲店长微微一笑，挪过身子以免在镜头中穿帮，然后我们继续聊。

1.ARNISH 美国传统款式的帽子 比较罕见

2.1920 年代初的帽子 来自伦敦

3.1910 年代的帽子 里边有原主人的签名

1

20TH DAY 5.

Hwdog: 鹤卷文也 (Fumiya Tsurumaki)

001 • **PREPARED BY :**
MODERN SKY ZERO: REZ
MODERN SKY ZERO: YUKO

002 • **OFFICIAL WEBSITE :**
https://thehwonline.com/
INSTAGRAM :
thehwdogandco

2

3

摩登天空（以下简称 M）：你最喜欢哪个年代的设计？ 鹤卷文也（以下简称 T）：我对复古文化感兴趣的契机是法式时尚（mode fashion，巴黎学院派时尚），也喜欢 Supreme（还在那儿工作过）和现在流行的牌子，比如 Keith、Off-white。追溯这些东西的根源的话，就又回归到军装等军用的设计上了。

M：觉得店里的装修也是复古风。 T：这是为了配合帽子的风格来做的店内装潢。很多客人会穿着当下流行的服装来这边买帽子做搭配。虽说我们的初衷是文化传承，但我们不会拘泥于只做这些风格的东西，也会做一些和当代风格比较契合的产品。我觉得在男式复古帽子的领域，日本没有一个本土的品牌，所以我们想开创这样的先河。

M：音乐和电影会成为您的灵感吗？ T：刚开始做帽子的时候，会从喜欢的歌手、艺人身上汲取灵感来制作产品。说喜欢的作品的话，吉姆·贾木许的一个弟子的作品，是部公路电影，名字不太记得了……电影中有很多根据剧情、年代设定和氛围设计的服装。音乐方面，比较喜欢节奏慢些的曲子，魔怪（Mogwai）吧。

Txbone：“店长平常挺沉默的，但说到一些感兴趣的话题时，脑子里的抽屉都给拉开了。”

M：店里会放什么类型的音乐？ T：为了配合产品的风格、店里的缝纫机等，一般会放些爵士乐和古典音乐，包括 1910 年代和 1920 年代的爵士乐等。

M：对 Hwdog 来说最重要的事情是什么？ T：作为一个做复古产品的牌子，我们希望在五十年、一百年之后的人们看来，Hwdog 也是一个有着复古风味的品牌。希望即便自己死了之后，这个品牌也会成为一个被效仿的标志性品牌，能一直延续下去。其实名气越来越大之后，自己反而更注重产品的细节，因为会有越来越多的人注意自己的产品，所以一定要提高品质才行。

M：您是不是收藏了特别多的帽子？ T：是的！为了制作古着商品，我收集了各式各样的东西，但是现在都不在自己手边，都送去工厂当参考了。我现在手边还有一些针织帽，一会儿带你看看。

Txbone：“欧子特别喜欢你们这个牌子。”

欧子：“今天没戴是因为太热了。” M

MR.BROTHERS CUT CLUB

好兄弟理发店

文_幺蛾　摄影_Fujita / 陶雷

我们还聊了什么？
扫描二维码，观看 Mr.Brothers 视频采访

21TH

DAY 6.

Mr.Brothers Cut Club: 西森友哉

001 • **PREPARED BY :**

MODERN SKY ZERO : REZ

MODERN SKY ZERO : YUKO

002 • **OFFICIAL WEBSITE :**

http://www.mr-brothers-cutclub.com/

INSTAGRAM :

mr.brothers_cutclub

MR.BROTHERS 是一家理发店，特别酷炫的理发店。来的路上同伴们跃跃欲试，我也是，不过摸摸自己脑袋上的毛茬，还是打消了这个念头。

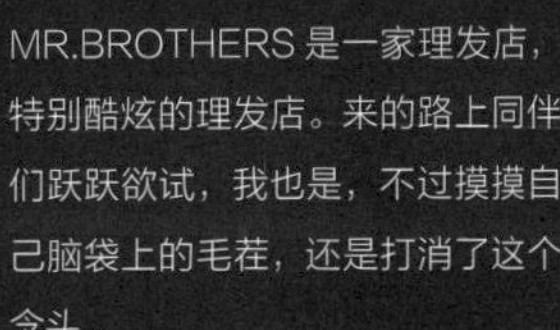

MR.BROTHERS 的老板叫作西森友哉。“现在从日本为起点向全世界辐射的理发文化，他是先驱之一。”欧子说。老板曾经去中国台湾、韩国和大阪的当地理发店做过指导。韩国那次Txbone和老板一起去了，去参展，当发模走过 T 台（是的，Txbone 当发模走过 T 台，虽然他没有头发）。

老板在这边开店有四年半了，第一家店是在原宿，接下来还想在原宿开第二家分店。

“难得来一次那就表演一下他的技术吧！”大家说着，把唯一留着适合梳油头发型的摄影师藤田祐希推上了舒服的美发椅。然后我们一边看老板给藤田祐希做油头，一边跟老板聊天。

1

摩登天空（以下简称 M）：理发店文化在日本流行多久了? 西森友哉：这个流行很多年了，但是当时的文化形式不一样，最早理发的地方叫作“床屋”（とこや，源于江户时期的男性理发店）。“Barber”是外来的东西。在这个词进入日本之前，日本已经有类似的文化出现，传统理发店那样的。现在日本比较年长的人喜欢去做传统的，比如搭配传统服饰的发型就会去床屋做。

M：日本理发店的历史是?

西森友哉：床屋之前没有理发的店，原来要剪头发得去医院剪。理发店外面红白蓝转的东西就跟医院有关，红的代表动脉，蓝的代表静脉，白的代表绷带。这个东西也不是日本发明的，是欧洲那边传来的文化。后来医院已经不放这个东西了，但是现在理发店还是会放这个东西，让大家知道里面是剪头发的地方。

2

1.MR.BROTHERS

CUT CLUB

MR.BROTHERS CUT CLUB

3

3. 西村友哉
在工作时的他非常严肃

4.MR.BROTHERS
老板和店员在店门前

M：有想在海外开店吗？
西森友哉：想在美国开店，哈哈。

M：对美国的理发店有什么深刻的印象吗？ 西森友哉：现在有的美国理发店还会给你文身，美国理发文化的历史并不长，十五年前从美国引进的这种在头上文身的做法，最早发源于美国的长滩。

M：您的客群都是什么样的人？
西森友哉：范围非常广，从着装华丽的女性到小孩都有，这次你们采访的好多人都来我们这里做头发，包括 Ryozo 他们。

M：价格是怎样的？ 西森友哉：造型套餐做一次六千日元。做完油头，剪影会特别漂亮。

4

Txbone：我有头发的时候也是来这里做的。
西森友哉：我压根儿就没见你有头发的时候。
Txbone：我逗你玩呢！

西森友哉：我们这边给你用的梳油头的发蜡是特制的。
Txbone：这是他们自己研发的用来梳油头、机车头的专用发蜡。质地介于啫喱和油膏之间。
西森友哉：你真内行。藤田祐希做头，我们先把头发洗了吧。
藤田祐希：我头发不太好做造型，有点硬。
西森友哉：没有我做不到的！M

MR.BRO

Locals Only 是美国加州风格的古着店，在店内总能找到各种惊喜。可惜这家店目前已经结业。

PURE CAL STYLE

Txbone 跟 Locals Only 的老板认识快十年多了，老板比 Txbone 小三岁，刚认识的时候，老板十八岁，如今老板二十九岁，Txbone 三十二岁。Locals Only 是 2013 年开的店，基本上所有的产品是西海岸、洛杉矶风格的滑板冲浪主题，除卖古着之外，还会有自己设计的产品售卖。老板喜欢服饰，喜欢冲浪和玩滑板，也喜欢古着，店里的大多数东西是跑到加州扫货买到的。里面有 20 世纪 90 年代的匡威、70 年代的（蓝带）滑板、80 年代的 Vans、“狗镇”元年产品，“Locals Only”的意思是加州 Only，纯正的加州感觉。

正聊着，老板的好兄弟进了店。“日本的托尼 · 阿尔瓦！（Tony Alva，Zephyr 竞赛滑板队的原始成员之一），”Txbone 说，“他也做自己的品牌，如袜子等，在‘牛腩’等品牌的集合店售卖，在滑板界很有名。”

说到日本滑板文化和美国的不同，老板说觉得日本的滑板文化很帅，但是美国毕竟有些滑板的场地，日本虽然也有不少年轻人在玩，但场地有限，在技巧方面不如美国，还是比较街头，不过这也没有影响滑板文化的发展，从原宿到涩谷，总能看到玩滑板的孩子。

21ST

DAY 6.

Locals Only

001

002

- **PREPARED BY :** *MODERNSKY MAGAZINE: REZ* □
  MODERNSKY MAGAZINE: YUKO ■
- **OFFICIAL WEBSITE :** *http://localsonlytokyo.stores.jp/*
  INSTAGRAM : *localsonly_harajuku*

FORNIA 纯正加州

撰文 _ 幺蛾 **摄影** _ Fujita/ 陶雷

21ST

DAY 6.

Jazzy Sport：

加库（GAKU）

001

PREPARED BY：

MODERN SKY ZERO：REZ ■
MODERN SKY ZERO：YUKO □

002

OFFICIAL WEBSITE：

http://jsshimokita.theshop.jp/

INSTAGRAM：

jazzysport.shimokita

Jazzy Sport 是家很特别的唱片店。我们来到的是东京店，其他的分店分别在下北泽、胜冈和京都，开店范围很广。店铺里有很多原创设计的商品，帆布包、T 恤衫等，也有老板朋友设计的产品在这边寄卖。

店名的由来特别简单粗暴，就是音乐跟运动。老板之一加库（GAKU）说，他觉得这二者之间有着共通的魅力。"对我来说，生活中最不可少的就是音乐和体育了。音乐可以一个人演奏、两个人在家玩，或者加入一个乐队；运动可以是一个人的竞技，也可以是团队合作。不同的团队有不同的节奏和魅力。在团队里，个人技术不行的话，也会对团队造成影响，所以个人的魅力也是很重要的。这让我感触很深！所以起了这个名字。"

东京店主要是以唱片和 CD 为主，其他分店特别有意思，下北泽店有个舞蹈工作室，教嘻哈、爵士、草裙舞、瑜伽等，胜冈

除卖唱片外，还有室内攀岩场所（还真就结合了运动和音乐），而京都这家除卖衣服和唱片之外，还有金枪鱼盖饭。我们问老板为什么想到这样的模式，老板说，这是与各家店经营者擅长的领域相结合，给他们一个空间来做多元经营。

"Jazzy Sport 也蕴含了团队合作的意思，这些衣服、帽子、包是大家一起做的。唱片是艺人制作音乐，我们来做成唱片卖。有一个分工合作的过程，大家各司其职。"

店内一侧的货架陈列的唱片都是他从自己很喜欢的作品中挑选出来的，其中一部分是朋友的作品；另一侧的货架上则是一些经典老唱片。

关于店里的碟的选择，每周都有新发布的碟，不会全部都拿，会选其中跟 Jazzy Sport 风格比较合拍的。M

MUSIC AND SPORTS WORK FOR ME BOTH

音乐也要，运动也要

文 _ 幺蛾　　摄影 _ Fujita/ 陶雷

DIASPORA FRATERNITY
JAZZY SPORT

Jazzy Sport
Diaspora
Fraternity
JAZZY
SPORT
MUSIC SHOP
JSMS
TURN TABLE
DJ
MITSU
the
BEATS

MANHATTAN RECORDS IS NOT IN MANHATTA

曼哈顿唱片不在曼哈顿

撰文 _ 幺蛾　**摄影** _ Fujita/ 陶雷

最近新出的碟
量不算太少，但日本没有引进

MISFISS MYSTOCKS
最稀有的，2.5万日元

年代有些久远
戴上 3D 眼镜看封面是立体的，完全保持原样

这里是纯正的嘻哈音乐唱片店！至今已有三十六年的历史。店长大概工作了五年左右。尽管自己不是 DJ，但店长来上班之前曾来这边买碟。这里的很多客人是 DJ，其中不乏名角儿，去年著名美国唱片制作人、DJ 和说唱歌手彼得·洛克（Pete Rock）也来过！

BANDS? PU

把喜欢的乐队穿在身上

撰文_幺蛾　　摄影_Fujita/ 陶雷

PORTRATION * PORTRATION * PORTRATION

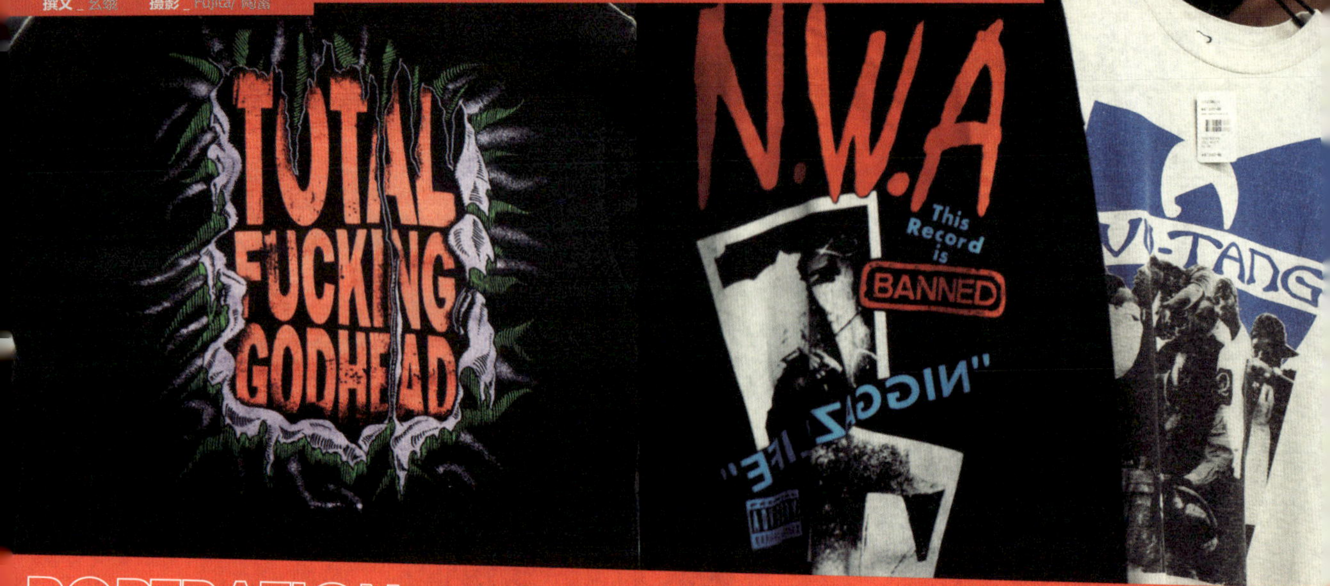

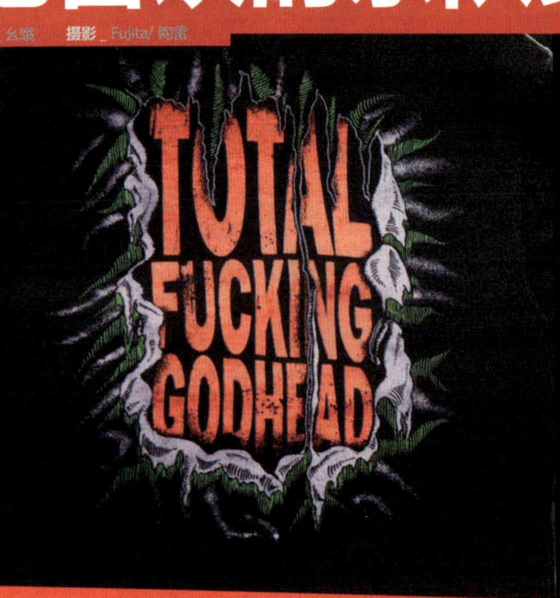

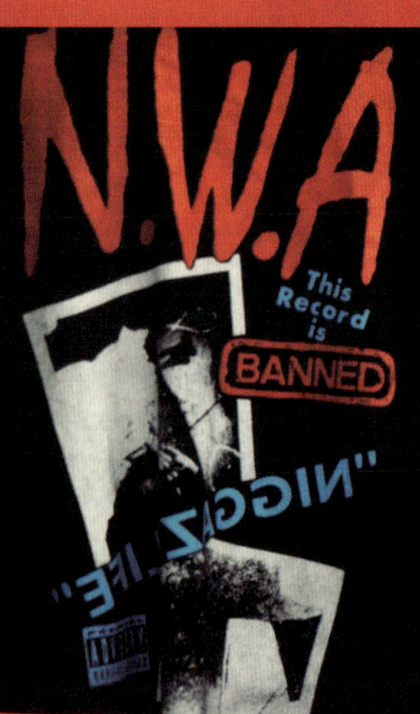

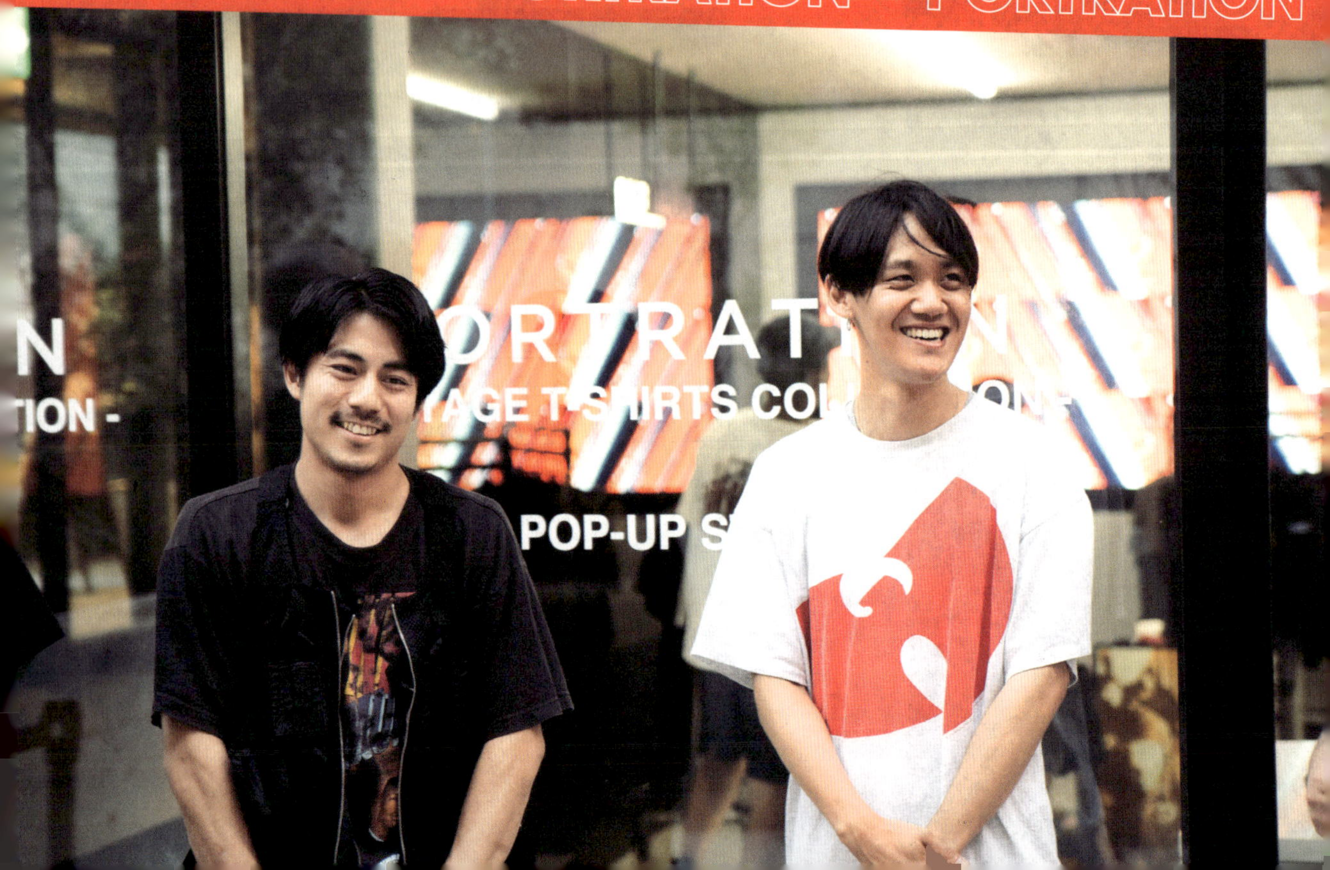

THEM ON

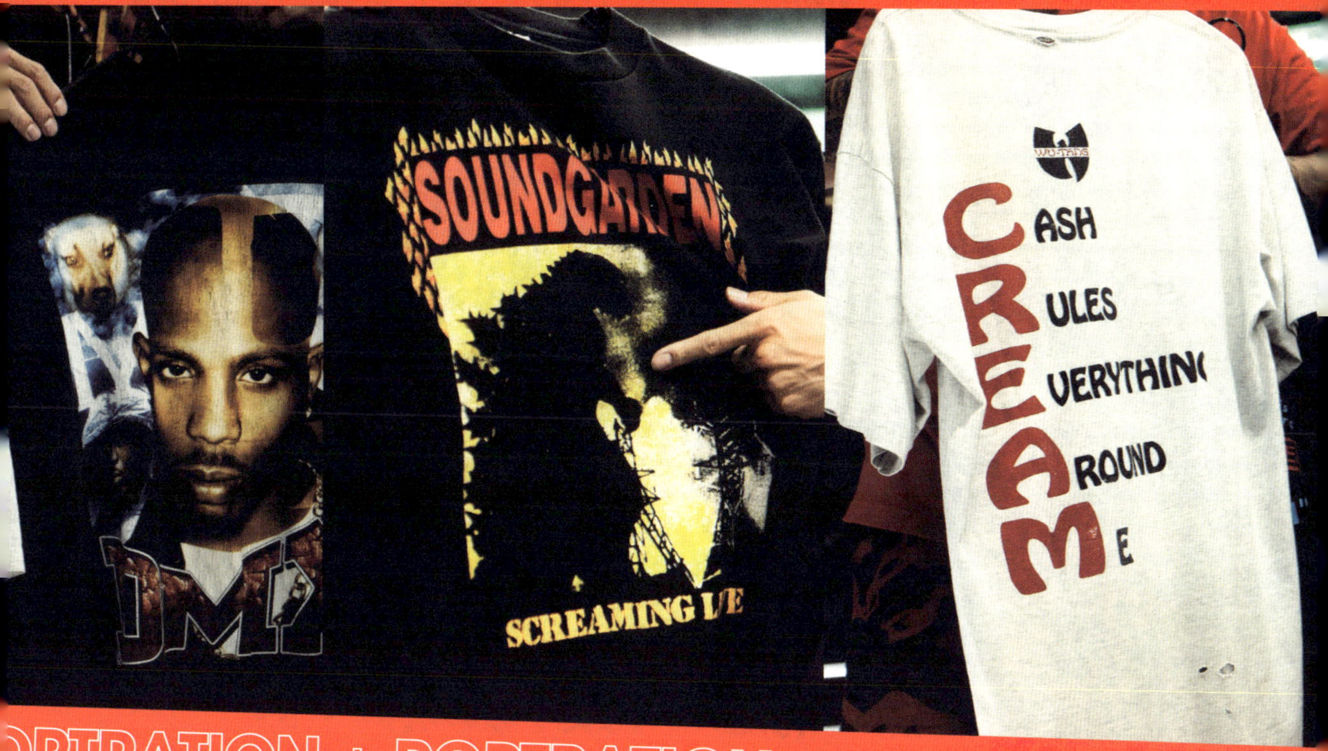

ORTRATION * PORTRATION * PORTRATION *

Portration 是一个推广复古 T 恤文化的组织，两位老板塔卡亚（Takaya）和塔库（Taku）都是 DJ，有网店，也会在各地做游击店。见面的时候，他们正在原宿的买手店 NUBIAN 做第三次展卖，他们在展卖期间还在店内作为 DJ 进行表演。

两位老板本身就是古着 T 恤爱好者，买回来做收藏的每个人就有六七十件，对外开放售卖的大概有四百件，库存量和款式也都一直在变。他们收集的古着 T 恤主要是摇滚乐和嘻哈主题，也有少量电影的。古着 T 恤的价值体现在它的历史当中，比如哪个乐队在哪年的某场演唱会，当时出的限量版 T 恤就会非常有收藏价值。卖货的时候就要提取脑中的知识，去判断这个 T 恤的价值究竟是怎样的，根据稀有程度来定价。M

22ND

DAY 7.

Protration

贵也 / 拓

（Takaya/Taku）

001

PREPARED BY：

MODERN SKY ZERO: REZ

MODERN SKY ZERO: YUKO

002

OFFICIAL WEBSITE：

http://portration.com/

INSTAGRAM：

portration

DAY 7

MAKE A GIG IN NUBIAN

在买手店开一场演唱会

撰文 _ 幺蛾　**摄影** _ Fujita/ 陶雷

22ND

DAY 7.

NUBIAN

001 ● **PREPARED BY :** *MODERNSKY MAGAZINE: REZ*

002 *MODERNSKY MAGAZINE: YUKO*

● **OFFICIAL WEBSITE :** *https://www.nubian-ave.com/*

INSTAGRAM : *nubian_tokyo*

见到东京近年来发展势头最猛的潮流买手店NUBIAN的老板之前，三个年轻的说唱歌手刚刚在原宿NUBIAN店里进行了演出。他们站在巨大的柜台上唱歌，下面几十个迷妹举着手机在拍照。柜台两侧的巨大音箱比店里陈设的任何一件服饰单品都要显眼。

NUBIAN从2005年开始就在做衣服了，那时候还属于玩票性质。2006年正式成立了公司，开始认真做服装，最早是在上野一个百货大楼里卖，最开始只有三坪（注：1坪约为3.3平方米）。最初只是做嘻哈相关的服饰，后来从三坪扩大到七坪，到十五坪，再到二十五坪，逐渐把其他已经关闭的店铺的空间也合并过来，一边扩大占地面积，一边把要闭店的地方售卖的产品也拿过来，去收购人家的东西，慢慢地，地盘扩大了，商品也越来越丰富。

NUBIAN * NUBIAN * NUBIAN * NUBIAN *
18
SUPER SPACE
Strawberry Music Festival
DAY 7

2012 年 NUBIAN 进军原宿，2014 年升级了上野的分店。今年春天又升级了原宿的新分店，越做越大。“多夸张啊，一开始只有三坪，现在都这么大了。”欧子说。

摩登天空（以下简称 M）：老板讲一下个人经历吧，在做这服装店之前是做什么的？ NUBIAN 老板（以下简称 N）：中学的时候是个吉他手，玩摇滚。当时感觉如果以后能从事音乐方面的工作就太好了，后来做了嘻哈相关的东西，现在也在做 DJ，朋友里面也还是有很多做音乐的人。

M：这个柜台做成音响的样子挺帅的，店里是想弄成小型俱乐部的风格吗？ N：是这样的。音响的功率开到最大，开演唱会也没问题！欧子：这个店除卖衣服之外还会办小型演出活动，给人的印象挺深刻，其实跟老板之前玩音乐的心情是一样的，看起来不像是一个服装经营者会干的事，但是通过这种活动来调动年轻人的热情是一件很重要的事。另一方面也是自己音乐梦想的延续。

NUBIAN * NUBIAN * NUBIAN * NUBIAN *

N * NUBIAN * NUBIAN * NUBIAN * NUBIAN *

M：和这些品牌的主理人都是怎么认识的？ N：大部分以前就是朋友，大家开始做自己的品牌之后，感觉可以互相扶持、互相帮助。当然也有后来认识的。大家都是从小规模开始做，因为我最开始也是从三坪开始做起，大家的视野比较相似，我那些朋友在事业刚起步的时候也会找我咨询。

Txbone：大家一起类似于团队合作那样的感觉。

M：店里商品种类非常丰富，有年轻品牌，也有设计师品牌，老板是怎么挑选这些东西的？

N：看是否能吸引自己吧，无论是街头或者高端，只要是自己喜欢的，就都想收到自己的店里来陈列。有点像那种复合型专辑，里面会有特别大牌的音乐人，也有新手，我很喜欢这样的感觉。

M：名字的由来？ N：自己喜欢嘻哈文化，NUBIAN 是指特别潮的黑人。

欧子：这个词在黑人看来是带有贬义的，但是在他看来是很酷的词。

N：我家店里放的东西都是非常戳我的。店里很多是独家的东西。我觉得带着这样的想法来店里选东西，而不用去在意店里是否有大牌，是让客人们会感到很开心的事情。

N * NUBIAN * NUBIAN * NUBIAN * NUBIAN *

A CULTURAL LAUNCH BASE

文化发射基地

撰文_幺蛾　　**摄影**_Fujita/ 陶雷

Radiall 这家店，说来有些奇怪，品牌和店的名字竟然是俩完全不一样的词，我们去的时候差点以为自己找错地方了。

Radiall 已经有十七年的历史了。Txbone 曾经是店员，欧子跟 Txbone 相识就是在这儿。当时的店名字还叫 Corner Shop，店铺在三楼，面积也比现在小很多。

刚开店的时候因为没钱，所以做了很多手制的胶印印花 T 恤，连成衣都没有，而他们最想做的是美国 20 世纪 50 年代的开领衬衫。终于，在品牌成立第五年，他们第一次做出这种开领衬衫，从此以后就一直在做，产品是干净利落的美国西海岸风格。

品牌名 Radiall，是 Radical（在西海岸是潮的意思）跟 All 拼在一起。老板说，最开始只卖 Radiall 的时候是在原宿，但后来不想拘泥于只卖这个品牌。所以也放其他品牌的东西，也融入了很多其他元素如音乐等，他想把这儿作为一个文化发射基地来运作，于是就将店铺的名字起作 Doobis，这个词有绕圈、循环的意思。"不管是服饰还是音乐，大家形成一个圈子来传递文化。"

老板是个鼓手，现在也在玩乐队，风格是嘻哈和朋克的混合。偶尔还会和 Txbone 一起演出，店员也是多才多艺，有的会文身、有的跳舞跳得特别好，每个人都有独特的个性。

开店以来，这十七年间出现过很多品牌，也有很多品牌消失了，但是在老板看来，原宿变化并没有那么大，聊到这里，我竟从他的话中听到些许禅意。老板说："那些因为追求新品牌、新风格而跑来原宿玩的人，才是真正塑造原宿风格的人。原宿就是会有追求新东西的人不断地过来。"想想的确是这样呢。M

22ND　DAY 7.

Radiall:
Yoichi Takayama
高山洋一

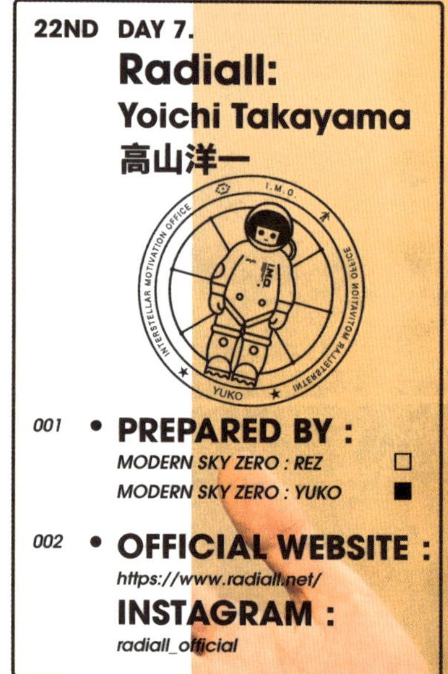

001 • **PREPARED BY :**
MODERN SKY ZERO : REZ □
MODERN SKY ZERO : YUKO ■

002 • **OFFICIAL WEBSITE :**
https://www.radiall.net/

INSTAGRAM :
radiall_official

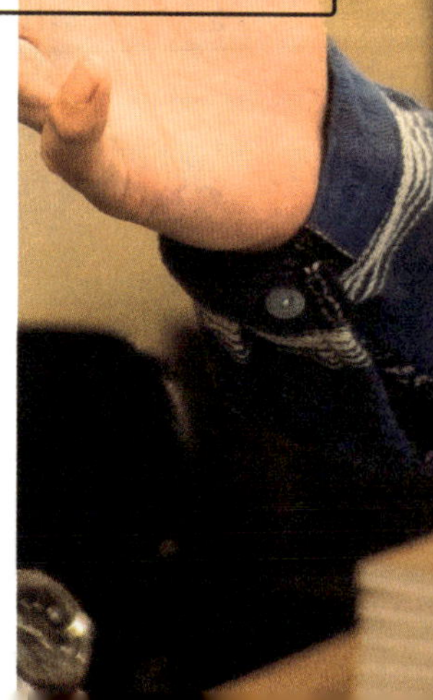

COSMIC

SNEAKERHE

球鞋爱好者天堂

撰文 _ 幺蛾　摄影 _ Fujita/ 陶雷　部分图片 _ 源自网络

22ND　DAY 7.

WORM TOKYO FLAGSHIP:

凉平（Ryohei）

001 • **PREPARED BY :**

MODERN SKY ZERO : REZ

MODERN SKY ZERO : YUKO

002 • **OFFICIAL WEBSITE :**

https://www.rakuten.ne.jp/gold/wormtokyo/

INSTAGRAM :

wormtokyo

AD PARADISE

在球鞋爱好者欧子和Txbone的带领下，我们来到了位于中目黑的“虫”（Worm）东京旗舰店，这里是一家很厉害的限量稀有老运动鞋专卖店，进店之后，我仿佛看到某几位同伴压抑着的购买欲从七窍扑哧扑哧地冒出来。

店开了整整六年了。老板叫凉平（Ryohei），是一个非常疯狂的球鞋爱好者（Sneakerhead）。“我是做这个生意的所以没办法。”老板说。不过我觉得，老板是因为太喜欢球鞋了，所以把这事儿变成了生意，大概于他来说，挣到钱继续收喜欢的鞋才是最重要的事情吧。

凉平从中学就开始收球鞋，现在他只收藏乔丹第一代球鞋，不像以前收得那么杂了。这里的鞋全部都是收购的，是别的收藏家缺钱或者因为别的原因转卖的。玩球鞋的圈子也都知道这家店的存在，很多时候都不用亲自去寻找，想要转卖东西的藏家自然而然会找到Worm这儿来。

七年前，凉平和朋友还在各自经营鞋店，他们合计着给将要一起经营的新店起个名字，还开了个小会讨论，Matsunaga，Watabe……大家把自己的名字写下来，看四个字母能排成什么，后来发现能拼成Worm。“O”上做了小翅膀的图样，是因为几个人中比较厉害的是这个人，大老板嘛，所以在他的首字母上做了个设计。当时就决定起Worm这个名字，在谷歌上查到古代英国神话里出现的恶龙叫wurm，“我们想自己做这行也不是什么正义的伙伴，二道贩子吧。跟自己的形象还挺符合的，就做了龙翅膀的图样。这个信息是在本国第一次公开。”

我们还聊了什么？
扫描二维码，观看WORM视频采访

“世界各地都有运动鞋爱好者，我觉得美国和日本的情况是有区别的，像美国人买来就是为了穿的，但日本的话，从很久以前开始，很多人是因为喜欢这些东西就买来收藏，是绝对不会穿的。玩运动鞋的历史，美国和日本其实从时间上来说是差不多的，但在日本会流传着一些一直珍藏着没穿过的鞋子，就比如说我这儿，还有2000年年初的藏品。”

一聊起得意的藏品老板就滔滔不绝，一双又一双珍品被老板从柜台里边掏出来给我们展示。“现在这款（见右上）比较典型，2001年的款，从来没拆封的，相当于新品，我收的时候都是带盒子的，当时收了十双都是这个状态。可以看出日本藏家的收藏方式跟海外的区别之大。美国人一般买来就穿上，出去显摆，日本的收藏家会保存得很完善，这样状态的鞋在美国市场上就很难找到，所以很多美国的藏家都会到日本来买。”

“我被店里的客人问过好多次打没打过篮球，因为我个子比较高，一米九几。但我其实没打过，我原来是踢足球的。一般到这儿话题就终结了。”凉平的孩子海若茹（Hareru）也在踢足球，老板一指，我们回头瞧见一个孩子站在店铺的二层，穿着球衣，膝盖上绑着一块纱布。

“你这膝盖上那么大的伤口，是不是习惯了？疼不疼？”一位同伴问。孩子特腼腆地笑了笑，说：“还是挺疼的。”

JORDAN IV

非卖品

这款是乔丹四，艾米纳姆的一张专辑《返场》（*Encore*）的纪念款，当时就是非卖品，数量特别少，店里也就这一双，所以不卖。市场价 400 万日元。全世界总数不会超过 100 双。

JORDAN IV

这款是跟“不败”（Undefeated）的合作款，当年买 Undefeated 买到一定金额之后，可以获得抽奖的机会，抽中就可以买，但中奖率非常低。这款当年没在日本发售过。没有人公布过具体数字，但估计不到 100 双，市场价大概 200 万日元。

NIKE AIR MAG

这款智能运动鞋 Nike Ari Mag，在电影《回到未来 2》中主角马丁回到未来的那一天正式发售。其实早在 2011 年 Nike 就发布过限量的 1500 双 Nike Air Mag，只是这个版本并没有自动绑鞋带功能，但是依然被炒成了高价。

NIKE AIR YEEZY 2

Yeezy 的设计师是侃爷，但两款 Nike Air Yeezy 都不是侃爷主刀设计的，这让侃爷十分不满，Nike 对于侃爷设计上的限制，和两者营销方式上的意见分歧，导致了最后侃爷和 Nike 的分道扬镳。侃爷的离开，使得 Nike Air Yeezy 2 成为双方合作的封笔之作，也让这个系列彻底画上了句号。仅存的 Nike Air Yeezy 被捧上了 Sneaker 的神坛，至此成为神物。

KIM JONES

5

这两只其实是样品。上面写着“上野”，当时是在上野的一家 Mitasneaker 鞋店展示的样鞋，后来卖的款跟这不太一样。这是实际卖的那款的 Prototype（雏形），最多只有十几双吧。本来是 Nike 跟 Mitasneaker 的合作款，但在 Prototype 阶段就不生产了。

VLONE X NIKE AIR FORCE 1

6

由 A$AP Rocky, A$AP Bari 和陈冠希（Edison Chen）共同创立的 VLONE 与 Nike 合作的 Air Force 1 联名款，以 VLONE 招牌的黑色和橙色为主调。这双鞋采用了上乘荔枝皮制作，辅以橙色 Swoos、车工缝线，鞋舌与后跟上有“V”字 Logo 作点缀。

NIKE HYPERADAPT 1.0

7

Nike HyperAdapt 1.0 型号运动鞋与其他现代自动化的运动鞋有所不同：这款拥有“懒人模式”的球鞋实现了真正的工程学奇迹：自动系带。用户不需要自己绑鞋带，跑鞋会根据尺寸大小自动系上鞋带。当你穿上这款运动鞋并触碰到底座的传感装置之后，跑鞋上的特殊机制就会被触发。

NIKE AIR MORE UPTEMPO

8

1996 年皮蓬夺冠的战靴。此鞋恰逢公牛队取得 72 胜 10 负战绩的辉煌时期，皮蓬在赛场上的完美表现，以及公牛队逆天的骄人战绩，也为其增添了不少的光彩。同年皮蓬又穿着蓝白奥运配色征战了亚特兰大奥运会并夺冠，让这双大 AIR 名声更广。

BEST TECHNIQUE, BEST MATERIALS

最好的技术和最好的原料！

撰文 _ 幺蛾　**摄影** _ Fujita/ 陶雷

22ND

DAY 7.

Steward Lane

001

PREPARED BY :

MODERN SKY ZERO : REZ □
MODERN SKY ZERO : YUKO ■

002

OFFICIAL WEBSITE :

http://stewards-lane.com/shop/

INSTAGRAM :

stewardslane_osaka

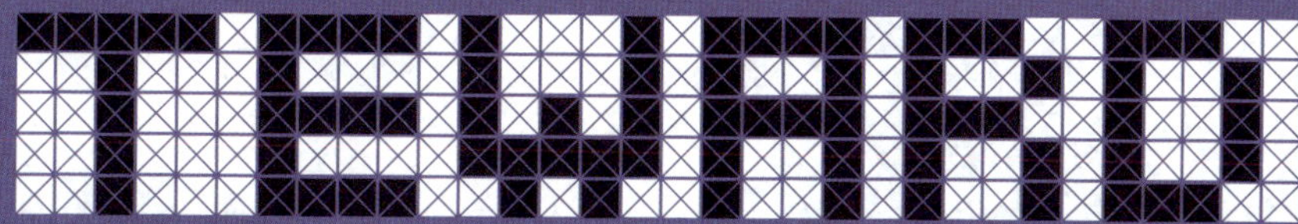

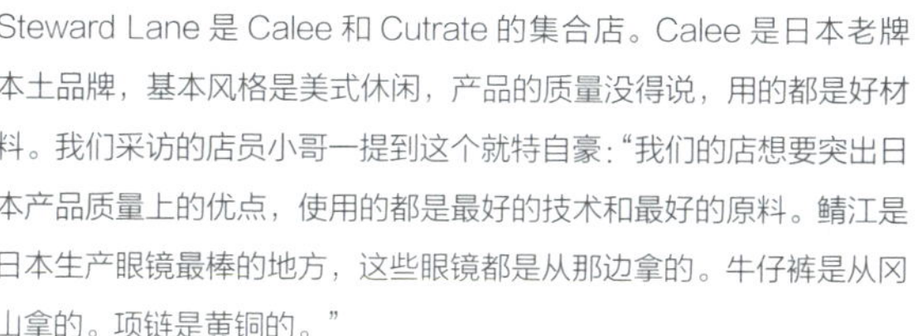

Steward Lane 是 Calee 和 Cutrate 的集合店。Calee 是日本老牌本土品牌，基本风格是美式休闲，产品的质量没得说，用的都是好材料。我们采访的店员小哥一提到这个就特自豪："我们的店想要突出日本产品质量上的优点，使用的都是最好的技术和最好的原料。鲭江是日本生产眼镜最棒的地方，这些眼镜都是从那边拿的。牛仔裤是从冈山拿的。项链是黄铜的。"

Calee 品牌历史有十五年了，产品线做得非常全，钱包、皮带等物件都是手工制作，很讲究，特别追求质量。而兄弟品牌 Cutrate 的历史有八九年，Cutrate 的设计师和策划是美国的团队，生产在日本。老板年轻的时候经历了美式休闲风大热的年代，就想把日本元素也融合在美式休闲中，创造一种独特的风格，Calee 就是这么来的，而 Cutrate，美国元素会多一些。店里的音乐都是 Cutrate 的美国设计师奥利弗拿来的混音，他原来是个职业自行车手，也做 DJ、做一些亚文化相关的背景音乐和一些配合商品风格放的爵士乐等（潮流圈的人总是那么多才多艺）。

"品质真的没得说！"欧子总结道。

#PLACES IN TRENDS #PLACES

PLACES I

PLACES IN TRENDS

潮 * 店

PLACES IN TRENDS

ル店

N TRENDS #PLACES IN TRENDS

N TRENDS

ギャル店

TOKYO IS A BIG WARDROBE

东京是个大衣柜

撰文 _ 幺蛾　　摄影 _ Fujita/ 陶雷　　部分图片 _ 源自网络

东京能够[illegible]大地满足你的购欲——不管你是手头充裕还是[illegible]，你都能有所收获。为了将购物[illegible]，我们为你选择了一些有趣的店铺，但东京能买到的远不止这些……

飘带棒球帽和西装外套、横须贺刺绣和针织运动下装 —— 一切都可以统一在日式潮流服饰穿搭之中。

日本のファッション
日本的潮流
品牌店

01 三原康裕 (MIHARA YASUHIRO)

三原康裕于1997年在东京创立了自己的同名服装品牌MIHARA YASUHIRO，最早的设计是从鞋子开始，融合了英伦复古风格，在与彪马（PUMA）设计的街头款合作成功打入国际市场后，三原开始把男装系列也推广到了海外。他的设计在一贯的绅士风范的基础上大胆混搭，用不同的材质拼接出新颖的版型，让无论是追求独特潮流的年轻人还是看重工艺品质的中上阶层男士都大为赞叹。三原康裕在欧美那边基本保持一个专精的设计师品牌，但日本演员和韩国偶像明星如冈本多绪、EXO的边伯贤、防弹少年团的金泰亨等，都经常穿这个品牌，使它逐渐走向主流。

地址：〒150-0001 东京都涩谷区 神宫前4丁目12 1002

02 萨卡伊 (sacai)

1999年阿部千登势（Chitose Abe）创立了sacai，以自己的旧姓“sakai”谐音命名，以女装线为主，后于2009年增加了男装线。阿部为多重身份女性（女孩、母亲、OL、主妇）所做的独特设计，将日装和晚装做结合，希望她的服装可以是生活节奏快的女性的首选，但也希望见到“完全不懂潮流的人也穿着sacai”。虽然阿部会用很多种面料做出不一样的拼搭设计，但在她讲述品牌设计的书《sacai: A to Z》中，针织面料占了三成以上。在生活中她也坚持做一个有全职工作的母亲与主妇，周末也喜欢和女儿一起购物、健身，这样有着生活细节的她同时也反映了品牌的理念，即顶级的日常生活感受。

地址：〒107-0062 东京都港区南青山5丁目4－44

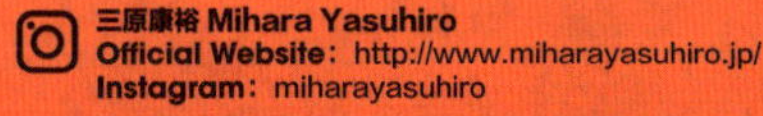

三原康裕 Mihara Yasuhiro
Official Website： http://www.miharayasuhiro.jp/
Instagram： miharayasuhiro

sacai
Official Website： http://sacai.jp/
Instagram： sacaiofficial

1 CAV EMPT(C.E)　2 kolor

03 卡洛尔（kolor）

Sacai 设计者阿部千登势的丈夫阿部纯一（Junichi Abe）在妻子建立品牌后便在 2004 年也创立了自己的品牌 kolor。创立时主打男装，在 2010 年同时发展女装线。kolor 的定位为相对高端、小众的设计师品牌。比起大幅度的创新，kolor 的特点更像是从熟悉的款型中延伸出出其不意的亮点，运用柔软的面料、彩色的扎染印花及日式的民俗风格打造 kolor 专属的魅力。阿部纯一本人在设计时脑子里不会有“目标顾客受众”的概念，而是希望让任何人都可以自由地穿着 kolor。

地址：〒107-0062 东京都港区 南青山 5 丁目 6-10

04 C.E，买家小心（CAV EMPT）

CAV EMPT 字意为缩短版的拉丁语“买家小心”，品牌创立者为负责设计的中村晋一郎（Sk8thing）以及负责品牌方向管理的托比·菲特威尔（Toby Feltwell）。他们的设计风格带有一种未来感，同时也融入了复古美式广告插画与字体，有很强的辨识度的同时可以让衣服保持低调感。中村与托比都是十分喜新厌旧的人，所以每次做出的作品也绝对不会让人感到乏味。他们通过把心中的想法放入 CAV EMPT 的实验中，不断地去探索新的创意，最终设计出备受当代青年们喜爱的潮品。

kolor
Official Website：http://www.kolor.jp/
Instagram：kolorofficial

CAV EMPT(C.E)
Official Website：http://www.cavempt.com/
Instagram：cavempt

1

2

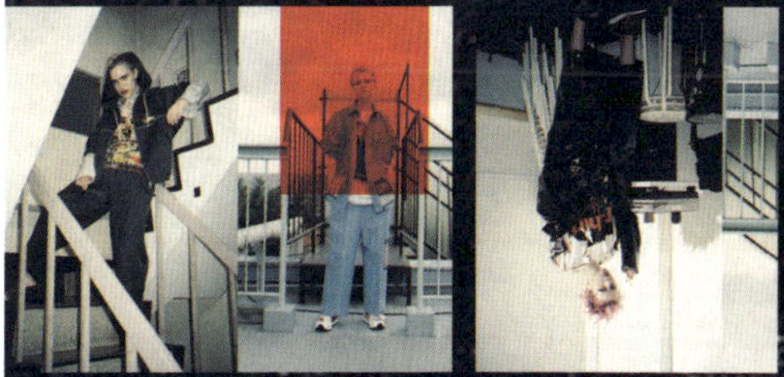

アッションヲ
日本的潮流

1

1
FRAGMENT DESIGN

2
BOUNTY HUNTER

3
A BATHING APE

4
KAPITAL

4

05 碎片设计（FRAGMENT DESIGN）

藤原浩（Hiroshi Fujiwara）于2003年创立的日本街头潮流品牌，高频率与耐克、乔丹、匡威、李维斯、凝结集团、Carhartt WIP、NEIGHBORHOOD等众多知名品牌合作联名制作潮鞋与男装。在日本本国与国际上的知名度都极高，吸引了很多喜爱潮流文化的年轻人，因品牌与设计师的知名度，在潮牌中价格偏高。被称为“潮流教父”“原宿教父”的他除打下日本街头潮流的基础之外，更是有多重身份——大学讲师、音乐家、DJ、造型师、设计师、专栏作家。藤原在Ins经常晒出有设计感的食物照片，他认为美食也有阶级制，每个年轻的厨师也会去对方的餐厅互相交流合作，这与街头时尚非常相似，都是跨世界的沟通模式。

地址：无独立门店

06 赏金猎人（BOUNTY HUNTER）

1995年由岩永光（Hikaru Iwanaga）成立，BH一开始是以里原宿为基地的玩具公司，生产具有朋克与摇滚元素的软胶玩具，后来拓展到潮流服装，品牌融入了美国朋克、摇滚和摩托文化，以限量闻名。直到现在BOUNTY HUNTER系列玩具都是玩具收藏家梦寐以求的收藏品。岩永光高中便开始组建摇滚乐队，早期便接触朋克摇滚文化，也曾被杂志《Asayan》选为十大里原宿重要人物。

地址：〒150-0001 东京都涩谷区神宫前3丁目1 5－8 3 150 0001

07 首都（KAPITAL）

最早的KAPITAL是于日本仓敷市儿岛的一家叫“首都”（Capital）的丹宁(Denim)工厂，其工厂负责人平田俊清于1984年成立了服装品牌，推出男装、女装、鞋子和饰品，利用充足的制作经验处理手工蓝染，不规则裁剪，水洗做旧，布料拼接，逐渐引领了美国复古文化潮流。不过，因KAPITAL的商品极具创造性，想驾驭KAPITAL的购买者也得有“范儿”。在塑造了明确的品牌风格后，KAPITAL持续推出高价单品，受到古着收藏者们的关注。虽然约翰·梅尔、约翰尼·德普、法瑞尔·威廉姆斯都穿过KAPITAL的服饰，但逐渐增长的国际声望并没有改变KAPITAL的运营方式：目前KAPITAL的16家店全部开在日本本国内。

地址：〒150-0013 东京都涩谷区惠比寿南2丁目20 2-20-2，2丁目-20（EBISU店）
〒150-0022 东京都涩谷区惠比寿南2丁目24－2（Duffle with KAPITAL店）
〒150-0022 东京都涩谷区惠比寿南2丁目23－12（Legs Craftsman Store店）
〒106-0032 东京都港区六本木6丁目10－1（Roppongi Duffle店，Roppongi Legs店）
东京都中央区银座1丁目21，1丁目-21 银座 中央区 东京都 104-0061（CENTURY DENIM GINZA 木挽町店）

08 沐浴猿（A BATHING APE）

身为日本潮流文化的OG（元老）之一，长尾智明在与高桥盾创立了品牌Nowhere之后，又与Sk8thing合作在原宿创立了高端街头服装品牌A BATHING APE，又名BAPE。以限量生产和推广跨界联名合作打出口碑。在日本受到浅野忠信、木村拓哉、米仓凉子等人的喜爱，迅速在日本打下市场。而BAPE在欧美的知名度完全不亚于日本，音乐界与影视界的无数明星曾身着BAPE公开亮相，其中坎耶·韦斯特也曾出现在BAPE 2010年春季的Look Book里。长尾智明认为产品的发售环境对于品牌所传递给顾客的信息都一样重要，因此在1998年关闭了全日本的40家零售店，只留下东京一家旗舰店，在他做了这个外人看来十分不合常理的举动后反而使其销量大增，也间接性开创了潮流品牌贩卖中的“限量”和“排队”概念。如今的长尾智明已因着手于新项目辞去CEO职位，而BAPE则由香港的I.T集团收购，继续打造BAPE在国际潮流中的地位。

地址：〒150-0001 东京都涩谷区神宫前4丁目21－5（原宿店）

FRAGMENT DESIGN
Official Website: http://www.ringofcolour.com/en
Instagram: fujiwarahiroshi

BOUNTY HUNTER
Official Website: http://www.bounty-hunter.com
Instagram: 无

KAPITAL
Official Website: https://www.kapital.jp
Instagram: kapitalglobal

A BATHING APE
Official Website: https://bape.com
Instagram: bape_us

TOKYO IS A BIG WA TO IS A BIG WA

日本のファッショ

日本的潮流

MASTERMIND JAPAN

09 日本策划者（MASTERMIND JAPAN）

日本暗黑系街头潮牌，是价格不菲的极简派设计的代表品牌之一，以标志性的骷髅 LOGO 与质量的原材料受到年轻男女们的喜爱。主理人本间正章原是山本耀司门店的店员，他的品牌业之路却万分艰辛。1997 年虽在东京时装周发布了品牌，却很快负债累累，在巴黎国际男装易展（SEHM）最后一搏时故意把价格抬至天价，几天后收到了洛杉矶的概念店马克思菲尔（Maxfield）的大订单，顿时在海外卖得风生水起，日本本土的市场反而是由贾斯汀·汀布莱穿着 MASTERMIND JAPAN（MMJ）去日本公演时慢慢打开的。虽然本间正章在 2013 年东时装周发布了最后一个系列后宣布了品牌的结束，MMJ 依然在以跨界联名的方式与众多品牌合活跃在潮流界。

地址：〒 100-0006 东京都千代田区有乐町 1 丁目 1

Official Website: http://www.mastermindjapan.com
Instagram: mastermindjapan_official

10 维斯维木（VISVIM）

VISVIM 是中村世纪在 2001 年创立的鞋子潮流品牌，后开拓了男装线，常以日本传统文化、美洲原住民服装与美国工作服为灵感设计服装的细节，传承了日本传统手工艺，使每件商品特意留有的一点小瑕疵都成为细腻的特点。VISVIM 的品牌特色突出，这份市场上的排他性使它在全球都有十分忠实的品牌爱好者，包括陈冠希、余文乐、权志龙、坎耶 · 韦斯特，而约翰 · 梅尔甚至曾经爆出他个人拥有价值五万五千美元的 VISVIM 服装。而使他们如此喜爱 VISVIM 的原因是中村自己对于材质的高要求。中村给自己的品牌定位为“潮流界中的奢侈品”，为了申请在自己的街头服饰中使用上等布料海岛棉，他等了五年才拿到供应商的许可。中村对店铺也十分看重，他在店铺里从来不放音乐，因为他想创造出一个让商品之间存在着微妙的严肃性和紧张感的空间。

地址：〒 150-0001 东京都涩谷区神宫前 5 丁目 10 神宫前 5-10-1 GYRE 2F

Official Website：https://www.visvim.tv
Instagram：visvim.design

11 邻居（NEIGHBORHOOD）

NEIGHBORHOOD 由创始人泷泽伸介 (Shinsuke Takizawa) 于 1994 年在里原宿成立，是日本潮流文化的元老品牌之一。爱好美国摩托文化和朋克音乐的泷泽，用充满军事感的设计打造了带有硬朗感觉的街头风，主打的牛仔裤、皮夹克等男装也都是基于暗色调，深受“硬汉潮人”们的追捧。除军事与复古美式概念之外，泷泽的主要品牌理念是“实用”：在好穿的基础上搭配出属于自己的风格，才是他希望产品能传达的信息。作为一个摩托玩家，泷泽伸介在公司本部车库门口不光摆放了数不胜数的重型摩托，还有山地车、古董车，活脱脱是一个“军火库”。

地址：〒 150-0001 东京都涩谷区神宫前 4 丁目 3 2 涩谷区神宫前 4 丁目 3 2 – 7 1F
〒 150-0041 东京都涩谷区神南 1 丁目 8 – 13
〒 100-8488 东京都千代田区有乐町 2 丁目 5 – 1

Official Website：https://www.neighborhood.jp
Instagram：neighborhood_official

12 陆军健身房（The Army Gym）

陆军健身房（The Army Gym）是英国传奇复古服饰设计师奈杰尔 · 卡伯恩（Nigel Cabourn）的品牌专门店。这个拥有四千件古着、每年在购买古着上花销达三万欧元（约二十四万人民币）、喜欢美女，同时也是历史爱好者的奈杰尔，把自己喜爱的复古文化融入设计，使每一件衣服在穿得舒服的大前提下富有“不会过时”的特性。用奈杰尔自己的话来说，就是运用当代的创新与上等布料来给 20 世纪最有代表性的设计赋予新生。继东京和伦敦后，该品牌去年也在北京开了它的第三家旗舰店，延续了前两家店的设计：装潢采用古早的军用体育馆风格，地面使用混凝土和老旧的地板，衣物的陈列用了军用储物箱。“Gym”则是奈杰尔因平时喜爱健身而结合了自己日常生活的因素。

地址：〒 153-0042 东京都目黑区青叶台 1 丁目 2 1 目黑区 青叶台 1 丁目 21 – 4（旗舰店）
〒 104-0061 东京都中央区银座 5 丁目 2 – 1 银座 5F（WOMAN）

Official Website：http://www.cabourn.com
Instagram：nigelcabournengland

VISVIM

N Hoolywood

PORTER CLASSIC
Official Website: http://porterclassic.com
Instagram: porterclassic

N Hoolywood
Official Website: http://www.n-hoolywood.com
Instagram: n_hoolywood

13 波特经典（PORTER CLASSIC）

作为制作皮革包的吉田公司创始人吉田吉藏的后代，父亲吉田克幸携手儿子吉田玲雄（Leo Yoshida）在2007年创立了男女服饰品牌Porter Classic。他们以“只做自己想穿的衣服”为出发点，着重于将日本匠人精神、传统、布料延伸至当下，并融入世界各国特色的服装元素，“进化”出“和洋混合”的品牌风格，而最具有代表性的便是他们的蓝染、刺子、剑道服等传统元素。吉田父子对布料的制作与染制过程都十分精益求精，从零开始，不断试错，直到达到期望的水准。这也是继承了从家族事业起始就有的“由家里人从头到尾的创造”概念。

地址：〒104-0061 东京都中央区银座5－1 GINZA FIVE

14 半个好莱坞先生（N Hoolywood）

昔日担任古着店买手的设计师尾花大辅（Daisuke Obana）因工作常往来于美国与日本，被友人冠名“Mr. Hollywood”，这构成了尾花在2002年创立的自家男装品牌N. Hoolywood的命名来源。他以美式古着与军装为设计基底，简约大方，深受海内外成熟男性的喜爱。尾花会把自己的日常生活和兴趣融入设计，因此每季度的设计与他当下的生活经历息息相关。例如，尾花于2016年到美国寻找灵感，目睹了美国大选时的紧张气氛，让他决定以“美国总统”作为2018年春夏季创作题材。

地址：〒150-0001 东京都涩谷区神宫前4丁目1 3－16

doublet

15 菲斯塔斯姆（FACETASM）

FACETASM 在落合宏理（Hiromichi Ochiai）2007 年刚创立之时便备受瞩目。如品牌名中包含的“多面性”概念，FACETASM 的设计风格不拘一格，天马行空，突破传统，标新立异，每一件单品都个性鲜明并且极具实穿性，中性的设计也模糊了性别的分界。落合的灵感来自东京这座城市与在城市间穿梭的人们。他眼中的东京繁忙却充满细腻的细节，促进了他把灵感与布料合为一体进行创新。2016 年，落合宏理带着他的品牌进入了 LVMH 青年设计师大赛名单并获得了“巴黎时尚老佛爷”卡尔·拉格斐（Karl Lagerfeld）的赏识，由此获得了国际上大量的关注。

地址：〒 150-0001 东京都涩谷区神宫前 2 – 31-9

16 约翰·劳伦斯·沙利文（John Lawrence Sullivan）

John Lawrence Sullivan 为柳川荒士（Arashi Yanagawa）于 2003 年创立的品牌。作为原拳击手的柳川出于对服装的兴趣开始贩售英国二手服装、设计西服，并给自己的品牌以一位重量级拳击冠军命名。以男装起手，从 2010 年开始推出女装系列。品牌主打绅士服，在复古优雅的设计中加入一些叛逆街头风，同时有着细致合身的剪裁。柳川所传递的“强大并优雅”的品牌信息十分受成熟时尚男性青睐。

地址：〒 153-0042 东京都目黑区青叶台 1 丁目 2 1 1-21-3 AOB Bldg 1F

FACETASM
Official Website： http://www.facetasm.jp
Instagram： facetasmtokyo

John Lawrence Sullivan
Official Website：
http://www.john-lawrence-sullivan.com
Instagram： johnlawrencesullivan_official

VANQUISH
Official Website： http://vanquish.jp
Instagram： vanquishjp

doublet
Official Website： https://doublet-jp.com
Instagram： _doublet_

F-LAGSTUF-F
Official Website： http://flagstuff.jp
Instagram： f_lagstuf_f

17 征服（VANQUISH）

2004 年石川凉（Ryo Ishikawa）创建了涩谷系街头休闲男装品牌 VANQUISH，定价相对亲民，受众为年轻男性，最早的店铺也位于涩谷最受欢迎的男装专卖购物地点之一“磁铁 - 涩谷 109 百货”（MAGENT by SHIBUYA109）。在塑造品牌形象的过程中，石川凉本人并非 VANQUISH 的目标受众代表，但他十分看重消费者的需求，保持顾客至上的态度，从一开始的“GAL 男子”定位逐渐建立了专属于 VANQUISH 的“哥哥系”（お兄系）风格，在市场中稳定了地位与人气。

VANQUISH 在亚洲的人气极高，目前旗舰店除日本之外，也开到了曼谷。最标志性的单品“忠犬八公横须贺夹克”也曾被韩国偶像团体防弹少年团穿上音乐节目。

地址：〒 150-0041 东京都涩谷区神南 1 丁目 23 神南 1-23-10 MAGNET by SHIBUYA109 3 阶（涉谷 109 店）
〒 170-0013 东京都丰岛区东池袋 1 丁目 5 0 东池袋 1-50-35 P' PARCO 1 阶（池袋 PARCO 店）

18 紧上衣（doublet）

井野将之（Masayuki Ino）为日本新一代最受瞩目的设计师之一。2012 年与艺术家村上隆（Takashi Murakami）联手成立品牌 doublet，短短几年便入驻巴黎精品买手店巴黎柯莱特时尚店（Colette，已关闭）、各地设计师买手店多佛街商场（Dover Street Market）、时尚生活方式概念店科索科莫（Corso Como）等店铺，并获得 2018 年 LVMH Prize 青年设计师大奖赛的冠军。doublet 的产品虽基于基础款的设计，但贯彻“怪异的日常”的设计理念，持续将平凡的东西以更别致的手法呈现。

地址：无旗舰店，只有经销商 / 集合店，例如 Dover Street Market

19 F- 拉格斯托夫 _F（F-LAGSTUF-F）

F-LAGSTUF-F 的主理人村山靖行从小深受美国古着文化热潮的影响，在 2014 年创立了这个带有日式设计的美国街头风格品牌。F-LAGSTUF-F 保持着美国复古服饰的轮廓与版型，加入了大量的日式大胆配色，践行着“不被任何事物拘束”的理念。

地址：无独立门店，在 offshore、BEAMS 等集合店出售

20 白山（White Mountaineering）

主理人相泽阳介于 2006 年创立充满都市生活格调的户外服饰品牌 White Mountaineering。在着重于实用性与质地的同时，White Mountaineering 也没有缺少美观性，反而成为日本潮流中户外风潮牌的代表。

地址：东京都涩谷区猿乐町 2-7 1F

21 10 匣（TENBOX）

10 匣是两位主理人 Pigu 与 Caori 创造的品牌，其中冲浪爱好者 Pigu 因深受美国冲浪文化的影响，所以把 10 匣打造成充满活力与可能性的品牌。10 匣的 LOGO 十分有代表性与辨识度，不过那位神秘的 LOGO 设计师并没有留名。10 匣也经常在美国、中国台湾等地开设快闪店，并每次都会抢购一空。

地址：无独立门店，在 Journal Standard 等集合店出售

22 索夫奈特（SOPHNET.）

极简设计、高科技材质、上身舒适、视觉美观，便是清永浩文主理的品牌 SOPHNET. 的主要理念。SOPHNET. 注重实穿性与功能性，将美学设计融入日常穿着中。此外，SOPHNET. 也会不定期与多元品牌联名发售单品，如耐克、斯图西、范斯等。而 F.C.R.B 则是 SOPHNET. 与耐克的支线，相对 SOPHNET.，FCRB 的价格会更加亲民一些。

地址：东京都涩谷区神宫前 3-34-10

23 黑眼袋（THE BLACK EYE PATCH）

THE BLACK EYE PATCH“黑眼袋”从创始时便是一个不太“正经”的街头品牌，商品也本着嘻哈文化的风格十分大胆与张扬。因为此品牌的贴纸在东京街头随处可见，所以被东京人称为“神秘的贴纸集团”。它的单品也十分受海外明星的欢迎，大肖恩，贾斯汀·比伯，肯德里克·拉马尔都曾穿着黑眼袋在公众面前亮相。

地址：无独立门店，在 BEAMS T、OPENING CEREMONY、DOVER STREET MARKET 等集合店出售

White Mountaineering
Official Website：http://www.whitemountaineering.com
Instagram：whitemountaineering_official

10 匣
Official Website：www.tenbox.jp/
Instagram：mr.pigu

SOPHNET.(SOPH.)
Official Website：https://www.soph.net/shop/
Instagram：无

THE BLACK EYE PATCH
Official Website：www.blackeyepatch.com
Instagram：无

日本的潮流 日本のファッション 日本的潮流 日本のファッション

日本のファッション

日本的潮流

集成店

01 Ron Herman

1976年诞生于洛杉矶的Ron Herman主打时下流行的时尚、精致、高端男女服饰，是十分有“加州生活方式”代表性的店铺，并以此为方向创造了一个舒适、自由的购物空间。2009年在日本开店后，除精致服饰外，川久保玲、MASTERMIND JAPAN等品牌也在Ron Herman的日本专门店中陈列贩卖。

地址：〒151-8575 东京都涩谷区千驮谷2-11-1
〒150-0001 东京都涩谷区神宫前2-22-16

Official Website：http://ronherman.jp
Instagram：ronhermanstore

02 STUDIOUS

STUDIOUS以“From Japan to the World”为宗旨，只售卖日本本土品牌——包括UNDERCOVER、FACETASM、GANRYU等知名日本品牌，另外也会挖掘日本初创设计师品牌。Studious把日本形形色色的年轻潮流结合在店铺中，展示出当下日本的时尚态度。

地址：150-0001 东京都涩谷区神宫前4-26-32 1F（STUDIOUS MENS原宿本店）

Official Website：https://studious.co.jp/shop/default.aspx
Instagram：studious_official

03 BEAMS

自1976年起家至今，BEAMS便一直是日本的潮流风向标。有着独特、前卫的品位并精准地引进本土与国际时尚品牌的BEAMS如今已把店铺开到亚洲其他国家和地区，并持续与众多品牌推出联名商品。BEAMS并不沉迷于当下的流行趋势，而是一直在寻找下一个可以成为潮流的可能性，让年轻人相信他们一定会在BEAMS找到他们的选择。

地址：东京都涩谷区神宫前3-24-7 1F 2F（原宿店）

Official Website：http://www.beams.co.jp
Instagram：beams_official

04 GR8

GR8 坐落于东京 Laforet，是一家由日本潮人
久保光博（Kubo Mitsuhiro）在 2005 年创建
的买手店。店内不仅有众多奢侈品品牌、设计
师品牌与街头手作品牌的单品与限量款，日本
庭园式的店铺装潢设计也独树一帜。

地址：东京都涩谷区神宫前1-11-6 LAFORET HARAJUKU 2.5F

Official Website：http://gr8.jp
Instagram：________gr8

05 Dover Street Market

设计师川久保玲于 2004 年在伦敦创立了 Dover Street Market，随后在东京等地开建分店。除售卖 Comme des Garons、Celine、GUCCI、Balenciaga 等品牌之外，Dover Street Market 也十分注重店内的空间设计，让进入店铺的客人有一种身处于艺术展览的视觉感受。

地址：〒104-0061 东京都中央区 银座 6 丁目 9 5

Official Website：https://www.doverstreetmarket.com
Instagram：doverstreetmarketlosangeles

06 Fred Segal

Fred Segal 是 1961 年诞生于美国西海岸的经典老牌买手店，日本分店于 2014 年开在东京代官山区。除售卖设计师品牌的商品与一些具有西海岸格调的生活用品之外，店内也会时不时开设茶道课、绿植展出等活动，同时也在经营着一间食品市场“The Mart At Fred Segal”，是一间充满了生活气息的买手店。

地址：150-0034 东京都涩谷区代官山町 13-1Daikanyamachō，13

Official Website：https://www.fredsegal.com
Instagram：fred_segal_jp

07 OPENING CEREMONY

OPENING CEREMONY 的两位创始人在一次
香港之旅中感受到了人们对时尚的渴求，决定
创立自己的时尚集合店铺。第一家店开在纽约，
后扩散至洛杉矶、东京与名古屋。OPENING
CEREMONY 主要销售如 Alexander Wang、
Carven、Christopher Kane、Acne 等欧美品
牌，同时也有自己的同名品牌在店里陈列售卖。

地址：〒150-0001 东京都涩谷区神宫前 6 丁目 7 神宫前 6 丁目 1 B

Official Website：https://www.openingceremony.com
Instagram：openingceremony

08 Atmos

东京最有名的潮鞋集合店之一，为追求当下潮流的年轻人展卖运动、街头、休闲等鞋子品牌，同时出售 Atmos 原创鞋品和 Atmos 与其他品牌的限定合作款。

地址：〒150-0042 东京都涩谷区宇田川町 3 1 8

Official Website：https://www.atmos-tokyo.com
Instagram：atmos_tokyo

09 ELIMINATOR

主打英伦风服饰的买手店，致力于以服饰来展现出英国人的时尚与生活方式。ELIMINATOR 不仅销售英国品牌，同时也会选择英伦风基调的世界各地设计师品牌以及日本本土品牌。店内的装潢则是黑白的工业风格，充满前卫感。

地址：东京都涩谷区猿乐町 26-13 1F

Official Website：https://www.eliminatorproducts.com
Instagram：eliminatot_tokyo

日本のファッション

日本的潮流

古着店

RAGTAG

RAGTAG 专卖二手衣物与古着。在 RAGTAG 可以找到潮牌、休闲品牌、设计师品牌及奢侈品等多达五千余种品牌的二手衣物，偶尔也有少量新品。RAGTAG 会把回收的二手衣物清洗消毒，并按照新旧程度来标为 ABCD 四个等级，是一家相当精致的二手服装店。

地址：东京都涩谷区神宫前 6-14-2（原宿店）
东京都涩谷区神南 1-17-7（涩谷店）
东京都新宿区新宿 3-32-8（新宿店）

TOKYO FLASH
东京闪回

撰文_幺蛾　摄影_陶磊

ACK

I.M.O.
INTERSTELLAR
MOTIVATION
OFFICE

尽管东京天气炎热，REZ 和所有自己喜欢的店头都拍了合照。

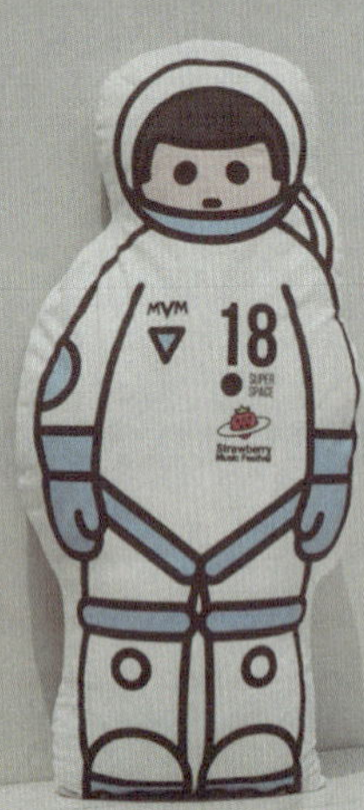

STUDIOUS

kolor

Ron Herman

SOPH.

齐布拉・卡 MR.BROTHERS CUT CLUB

I.M.O.

INTERSTELLAR MOTIVATION OFFICE

一层是 NEIGHBORHOOD，二层是 Supreme

ギャル

#ALL IN TRENDS #ALL IN TREN

ALL IN TR

ALL IN TRENDS

潮 * 一切

ALL IN TRENDS

#ALL IN TRENDS #ALL IN TRENDS

ENDS

ギャル 一切

11 RECORDS THEY LOVED
影响他们的 11 张唱片

编辑 _HE.R

为什么音乐与潮流的联系如此紧密？音乐仅仅是作为大众喜闻乐见的文化类型，在社会各个角落施展着影响力吗？这一解释并不足够有力。与其说我们将二者平行并置讨论其关联，不如从根基上找寻原因。事实上，音乐行业从来都是在定义“时尚是什么”这一点上做着突出贡献。音乐不仅定义了时尚和潮流，它还指明了其发挥作用的方式。尤其是在 1920 年至 1990 年的这几十年间，音乐持续发力，通过不同的亚文化类型影响着时尚。

可以说，每种音乐类型都有属于自己的视觉语言。设计师们也一直在模糊音乐与时尚之间的界限。例如，当提到朋克音乐时代时，它立即与朋克时尚的图像联系起来。我们此行在采访设计师、音乐人、艺术家时，问到了他们喜爱的专辑，而提到的这些音乐（我称它们为“人生的 BGM”），有的影响力持续了多年，有的正符合当下的心境，有的和自己热爱的艺术风格相辅相成、难舍难分……不管缘由如何，你只消听一听他们的音乐选择，再看到作品，你多少会明白，这些作品为何如此特别、如此令人感动。

01

Ryozo

Wu-Tang Clan — *Enter the Wu-Tang (36 Chambers)*

美国说唱组合“武当帮”在 1993 年发行的首张专辑，由组内核心制作人与领导人 RZA 一手制作，在 1995 年获得美国唱片工业协会认证的白金唱片，为 90 年代的硬核说唱画下了蓝图。标题的灵感来自刘家良于 1978 年导演的香港功夫电影《少林三十六房》。

02

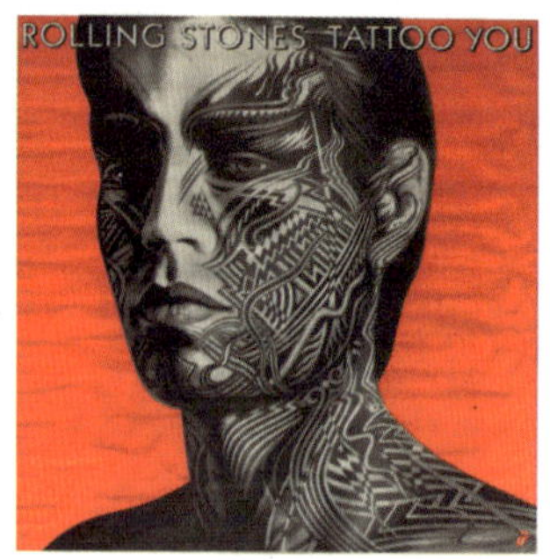

梅咏

The Rolling Stones — *Tattoo You*

滚石乐队在 1981 年发行的专辑，实际上它是从米克 · 贾格尔（Mick Jagger）与凯斯 · 理查兹（Keith Richards）完全找不到灵感而开始的。在该出专辑却写不出歌的情况下，专辑制作人克里斯 · 凯姆西（Chris Kimsey）选择从滚石乐队曾经未完成或未发表的作品中挑选曲目并一起重新编词编曲，也就促成了 Tattoo You 的诞生。

03

梅咏

The Jesus and Mary Chain — *Darklands*

1987 年，在当代极具影响力的苏格兰另类摇滚乐队 JAMC 发表了他们的第二张录音室专辑 *Darklands*，这是乐队成员威廉姆 · 里德（William Reid）最喜欢的一张专辑。相比之前的专辑，*Darklands* 的旋律柔和了很多，从听觉上来说也更干净，不过歌词依旧阴暗，也因此表现出哥特式的浪漫。他本人也承认：这大概是史上最逊的退休了。

04

今野直隆（Magic Stick）

JAY-Z — *The Black Album*

2003 年，说唱歌手 Jay-Z 推出了他的新唱片 *The Black Album*，并宣布这是他的最后一张唱片。众多实力制作人参与了制作，如贾斯特 · 布莱兹（Just Blaze）、艾米纳姆（Eminem）、坎耶 · 韦斯特（Kanye West）、海王星组合（The Neptunes）等。因专辑渲染的告别气氛十分浓重，此专辑在发布后一周内飙升至美国公告牌（Billboard）榜单第一名，然而肖恩 · 卡特并没有像他承诺的那样退出江湖，在 2006 年再次发片。

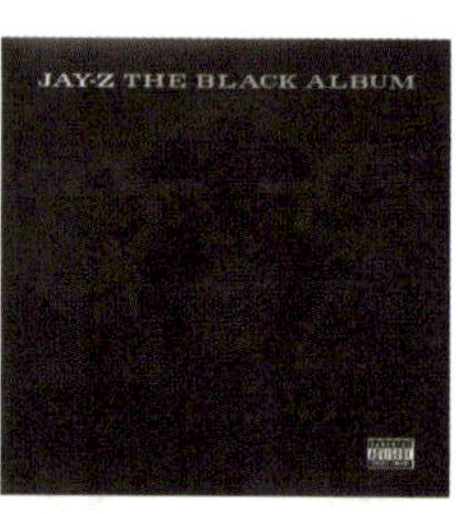

05

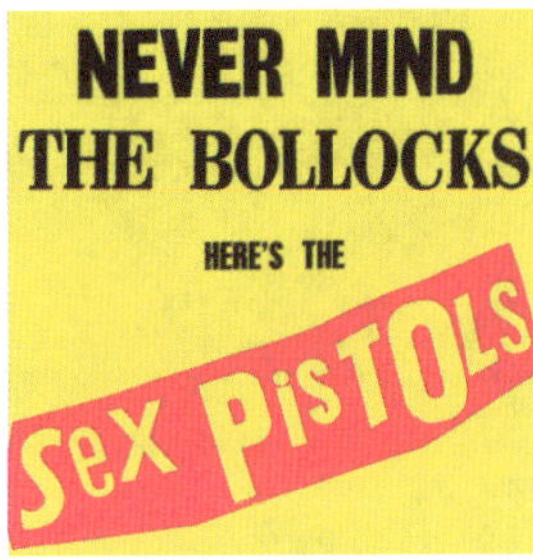

Deluxe 修

Sex Pistols — *Never Mind the Bollocks, Here's the Sex Pistols*

1977 年，朋克时代的代表性乐队性手枪推出的唯一一张录音室专辑，被滚石杂志评为音乐史上最伟大的 500 专辑之一。因他们叛逆、粗暴的态度在主流市场中备受争议，所以收录的歌曲被各大电台禁播。专辑名称中的“Bollocks”（鬼话）也被保守的人们认为不雅。然而，他们所带领的朋克气势确实被当时的年轻人争相效仿。

06

山岸航介（Softmachine）

Aphex Twin — *...I Care Because You Do*

极具争议的电子大师 Aphex Twin，原名为埃芬克斯·特恩（Richard D. James），在 1995 年发行的专辑，因其中所有歌曲均在 1990 年至 1994 年完成，每首歌在曲名后也注释了相应的年份。埃芬克斯·特恩是一位用合成器制作迷幻氛围的实验电子音乐家，在这张专辑中将嘻哈与 Drum n' Bass（一种电音风格）相结合，给听众一种慵懒却诡异的感受。

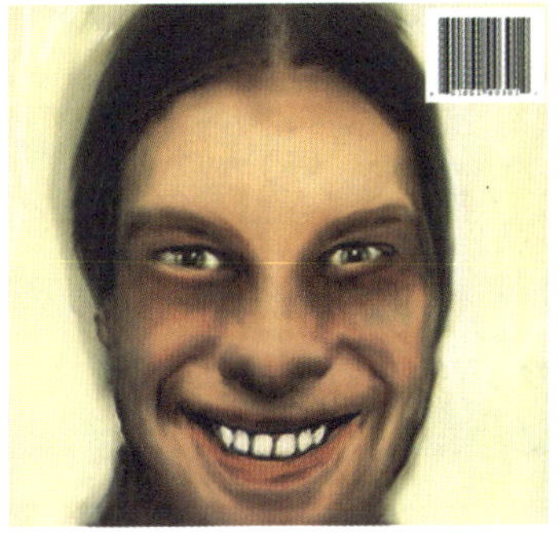

07

Locals Only 主理人

壮景乐队（Sublime） — *Sublime*

壮景乐队（Sublime）在 1996 年发行的第三张专辑，也是最后一张录音室唱片。专辑 *Sublime* 以朋克摇滚、雷鬼与斯卡为主要风格，也加入了一些舞曲、嘻哈与 Dub 元素。此专辑因它的多样性与众多单曲的受欢迎程度获得了巨大的成功。

08

高山洋一

疯克德里克（Funkadelic） — *Maggot Brain*

70 年代引领放克文化的乐队之一疯克德里克在 1971 年发行的代表性唱片，以放克与节奏布鲁斯（R&B）风格为主。专辑的第一首歌有十分钟长，是因主唱的弟弟死去而写的一首悼亡歌，而吉他手埃迪·哈泽（Eddie Hazel）在此曲中演奏了使人心头沉重的吉他独奏。

09

阿维驰

图派克（2Pac） — *All Eyez On Me*

传奇嘻哈音乐艺术家图派克在 1996 年发行他音乐生涯最后一张作品，也成为他影响了众多音乐人的登峰造极之作。在死囚唱片（Death Row Records）制作这张双 CD 唱片，实际上，他是为偿还 1995 年为了交出狱保释金而欠下的钱。专辑的名字也是因所有人都密切关注着图派克出狱后的行动而命名。

10

上原浩子

GLAY — *Unity Roots and Family, Away*

日本摇滚乐队 GLAY 开始融入福音音乐、R&B 与蓝调风格的一张专辑。队长兼吉他手久保琢郎（Takuro）希望以家人、朋友为主题来制作，而关键词则为专辑名称中的 Roots（根基）与 Unity（一体）。加入福音元素也是希望能以此代表最亲近的人们。发行后获得日本公信榜（ORICON）榜单第一位。

11

上原浩子 **BUCK-TICK — *Memento Mori***

日本元老级视觉系摇滚乐队 Buck-Tick 在 2009 年发布的专辑，专辑名在拉丁文中的意思为“记住死亡”。在决定制作专辑时，吉他手今井寿便选定了这个主题，而乐队成员们因对这个主题的想法很多，环绕着这个主题写的歌曲也越写越多，最后专辑中收录了 15 首歌曲。

29 HOURS A DAY——CLUBS IN TOKYO

把一天过成 29 小时——东京俱乐部大赏

编辑 _ 汪珏

特朗普俱乐部（Trump Club）

位置很隐蔽，也没有明确的标牌，但是东京时尚的年轻人都知道这家俱乐部，特朗普俱乐部有着巴洛克式的装修风格，看起来非常华丽，里面有各种意想不到的装饰品：闪闪发光的吊灯，浮夸的沙发 …… 这里的镜子又给这个地方增添了一种不安的气氛。这个俱乐部每个周末都挤满了人，活泼、色彩缤纷又颓废，每个年轻人都会在这儿获得他们想要的体验。这里不是每天都开放，也不设卡座，我们去的那天正好是一本杂志的庆功派对，有几个特别会跳舞的长腿小姐姐在。老板服务非常到位，亲自清理每个小桌上的烟灰缸。

卡米洛特（Camelot）

涩谷必去的夜店之一，也是相对主流的一个。这里有两层楼，楼上可以容纳三百人，楼下是主要区域，可以容纳七百人，内有白色皮革的卡座。卡米洛特有三个舞池，每个舞池会放不同的音乐，有嘻哈、布鲁斯和雷鬼音乐，如果你喜欢电子舞曲（EDM），那么主舞池会非常适合你。费德勒（Fedde Le Grand）、麦肯齐 · 约翰逊（MAKJ）、乔纳斯 · 布鲁（Jonas Blue）等著名 DJ 都会光临这家夜店。这家夜店包容性很强，不会强制你穿什么，不管你穿得很商务，还是很休闲，卡米洛特都欢迎你。十一点之前，男孩需要付一千日元服务费，女孩是免费入场的；十一点之后，人会变得非常多，男孩需要付三千五百日元，女孩需要付一千日元。

视觉声音博物馆（Sound Museum Vision）

于 2011 年开业，找到这家店可能得费点劲，因为这家夜店从外观上看特别不起眼，但是内部场地特别大，有六个吧台，一共可以容纳一千五百人，主舞台主要会放电子舞曲和嘻哈音乐，每个舞台都有不同的 DJ。这家夜店用的扬声器是面向高端专业的音频制造商的特别定制产品，在舞池里，你的牙齿都能感受到音压。这个酒吧会举行各种主题派对，比如嘻哈专场、电子音乐专场和女孩派对（女孩子可以免费入场）。这里的服务员都很酷，虽然服务费和酒水价格比其他夜店贵一点，但一切都是值得的，准备好你的护照，可以打折。

交互（Contact）

诞生于 2016 年 4 月 1 日，这家夜店非常地下，一方面是风格比较地下，另一方面是这家夜店的位置在停车场，很隐蔽。交互分两个区，分别是跳舞区和酒吧区，海外的知名 DJ 和许多有代表性的日本 DJ 经常会在这里演出，像杰夫·米尔斯（Jeff Mills）和塔基米（Kenji Takimi）等。不像其他夜店只有周末有演出，这里几乎天天都有演出活动。这儿还有一个专门的吸烟室，上面写着万宝路（Marlboro）的字样。很多玩家都称赞这里的音乐系统非常好，如果你对音乐特别挑剔的话，交互（Contact）会是一个好去处。

涩谷哈莱姆俱乐部（Club Harlem）

自 1997 年 4 月开业以来，涩谷哈莱姆俱乐部就是纯国产嘻哈的圣地，如果你想听到最正宗的嘻哈音乐，哈莱姆是你的必去之地，在星期二、星期四、星期五、星期天，哈莱姆会举行各种不同的派对，还会举办许多日本嘻哈界必看的活动，这儿的音乐流派有嘻哈 / 布鲁斯 / 雷鬼。哈莱姆（Harlem）在日本和海外都享有盛名，在这里，任何人都可以玩得很开心，不管你是夜店的老手还是第一次来玩。

艾吉哈（Ageha）

东京最大的夜店之一，于 2003 年 12 月开业，开在新木场，位于东京东南部海边郊区，每天由免费的穿梭巴士接送客人来往于新宿、涩谷和新木场之间。白天的艾吉哈时常举办各种音乐艺术活动和演唱会，这里一个舞池区域可以轻松容纳两千四百人。这座巨型的夜店总共有七个区域，除主舞台（Arena）之外，还有水区（Water），是一个带泳池的户外二层舞台，岛区（Island）摆放着二十米的超长吧台，盒子（Box）则是充斥着迷幻光线的地下区域，而海滩（Beach）、公园（Park）和食物区（Food Court）三个露天区域给了大家充足的休息空间。每隔两个月，艾吉哈就会举办一次名为香格里拉（Shangri-La）的同性恋舞会，大卫·库塔（David Guetta）、波特·罗宾逊（Porter Robinson）、中田康隆、石井健等知名 DJ 都在这里演出过。

1

2

1.TRUMP CLUB
人们在水晶灯下面跳舞

2. SOUND MUSEUM VISION
长长的通道

KENSUKE EZAWA TOKYO IS MY VISION

柄泽健介：东京是我的憧憬

撰文 / 采访 _Platinum　供图 _ 柄泽健介

柄泽健介的工作室内景

“东京是我的憧憬。”青年雕塑家柄泽健介如是说。
柄泽健介喜爱登山，也憧憬大都市东京。他师从日本“物派”的代表艺术家菅木志雄，不仅在中国举办过展览，作品还被日本某著名美术馆馆长收藏。
目前，柄泽健介执教于名古屋的一所美术高中，过着安稳的公务员生活。授课时间之外，柄泽完全沉浸在创作的世界里。

柄泽健介作品《不变的地平线》
木材、白蜡，2012 年

摩登天空（以下简称 M）：拿到金泽工艺美术大学的博士学位后，您去了一所美术高中当老师？ 柄泽健介（以下简称 B）：是的，我目前在高中母校教书。博士毕业的那年夏天，高中时的雕塑老师突然打电话给我。他要退休了，希望我参加教师考核，接替他的位子。在日本，拿到博士学位之后，通常都会在各个大学做兼职教师维持生计，为今后正式进入高校积累经验。高中老师的电话正好在我毕业前夕打来，我就放弃了在大学兼职的打算，选择了收入稳定的高中教师。现在，我的学生都是希望进入艺术大学的高中生。

M：作为一名美术老师您最想告诉学生们什么呢？ B：我在读高中的时候，应付升学考试就非常忙碌了，根本没有闲暇去思考自己真正想要表达什么。和所有美术高中的应考生一样，我一心希望考入东京艺术大学，不过终究没有考上。现在发现落榜的挫折感实际上是毫无意义的。不管在哪一所艺术大学就读，只要完成自己想要做的事情就可以了，人生是充满各种可能的。我想要把自己的经验告诉给现在的学生。但是，即使我不断地告诉大家不要把这场考试看作终极目标，学生还是每天高喊着东京艺术大学。

M：您高中的时候就找到自己作品风格了吗？ B：不，不，怎么可能。我刚刚开始接触雕塑的时候，心系米开朗基罗的写实性表现，那种完美的、理想的人体表现。进入大学后，视野更开阔了，发现可以用于雕塑的材料很多。我需要选择一种适合自己的材料。那些最初为制作翻模而创作的模型无法保存到最后，给我一种空虚感。所以，我更倾向于石头和木材，到了大学三年级才选择了木材作为自己的表现媒材。不过，想找到属于自己的风格可不容易。有一段时间，我甚至感到迷茫，想要放弃艺术了。大学本科毕业的时候，我不认为自己能当老师，也不觉得自己能成为一名艺术家。因为喜欢做东西，我当时萌生了做一名木匠的打算，甚至打算去家具专门学校进修。
不过，在一种巨大的不甘心的驱动下，我完成的毕业创作令自己满意，同时得到了教授们的好评。在大学本科阶段的最后一年，我终于发现了属于自己的风格，因此一直念到了博士课程。自己的风格就是表现自己喜欢的东西。我喜欢自然风景，这是我作品的主题。

M：听说您喜欢登山，是从什么时候开始这项运动的呢？我想登山和您的作品应该有很直接的关联吧。 B：我是从大学三年级开始登山的。那时，打工的店长喜欢登山，他带我去爬了一次冬天的雪山。自此以后，我爱上了登山这项运动。第一次爬的山只有一千多米，读研究生的时候我去挑战了 2700 米的北阿尔普斯山。

M：登山的时候会想什么呢？会想怎么创作作品吗？ B：是的，会思考怎么创作作品。

M：真的吗？肯定还会想些其他的事情吧？比如，这里景色真棒，我要赶紧拍照留念之类的。 B：会的（笑），我会想一些更无聊的事情，比如，最近遇到的那个妹子可真漂亮之类的。

M：原来如此，下次登山时，请注意安全。 B：登山是一个用自己的双脚丈量空间的实验，伴随着巨大的成就感。我对登山这个行为本身充满了热情。另外，我也经常去滑雪，背着滑雪用具花三个小时或六个小时爬到山顶，然后穿上滑雪鞋，一气冲下山。在冬天，山上积雪最好的那段时间，我几乎每周都去。

M：您的作品用木材表现山脉，用白色的蜡来填充其间，这些蜡是代表山上的积雪吗？ B：是的，我认为当万物被积雪覆盖的时候，日常的风景就变了模样，给人陌生的感觉。我在作品中使用白蜡，是希望能达到这个翻转的效果，使我的表达变得委婉。
“蜡”对于雕塑家来说是制作青铜雕塑时的材料，是随着作品的完成而消失的（指失蜡法）。大学三年级时，雕塑系有材料研究课，我那时就对蜡纯白、半透明的特点抱有一种迷恋。研究生阶段，周围雕木头的雕塑家太多，我希望能尝试一些与其他人不一样的造型手段，于是我尝试了木头与铁的组合，也发现了将蜡浇灌到木雕作品中的独特风格。

1
2

M：如果是和木材组合的话，您考虑过天然的材料，比如树脂或是大漆吗？ B：树脂或大漆凝固之后就难以控制了。蜡的熔点较低，容易控制。木材是稳定的材料，一经雕琢完成就不再变化了，而蜡则是流动性的物质。这两种材质的组合为我的艺术创作提供了更多的可能性和发展空间。

M：众所周知，"物派"是日本现当代艺术中的一股重要力量，你这样关注材质，这与"物派"有什么关系吗？ B：我的指导老师菅木志雄是日本"物派"的代表艺术家。提及日本的现当代艺术，以李禹焕和菅木志雄为代表的"物派"是蜚声海外的重要流派。传说中的菅木志雄每个月都到大学来指导学生，是一件十分令人羡慕的事情。确切地说，比起受到了"物派"的影响，我是受到了菅木志雄的影响。
这里需要说明的是，物派的艺术家们并没有自称过"物派"。"物派"只是评论家们加于他们的一个称谓。而且，菅木志雄并不喜欢李禹焕，这件事大家是知道的。我十分明确自己是"物派"艺术家。但是，我的作品关注作品的材质，以及作品与场域、观者的关系，也的确和"物派"有一些关联。

M：那您希望自己的作品是展示在美术馆中，还是由废墟发展而来的当代艺术区呢？ B：受到菅木志雄的影响，我会探讨作品和展示空间的关系。另一方面，我的创作目的更为单纯。美术馆也好，画廊也好，或是美术制度未规定的任何展示空间，对我来说都是一样的。我既在美术馆，也在一些传统民居里展示过作品。

M：是谁在收藏您的作品呢？ B：在日本的藏家都是一些喜欢现当代艺术的人，东京一家大家比较熟悉的美术馆的馆长也收藏了我的作品。中国的话，我依稀记得藏家里有美院的老师。因为日本和中国的气候不一样，由木材和蜡组成的作品在保存的时候，需要关注湿度和气温。如果作品保存出现了问题，我也会负责维修。因为，中国（北京）较干燥，我会让藏家把作品放到透明的树脂罩子里保存。

M：来过几次中国？有参观过中国的艺术区吗？ B：去过四五次，次都只在北京活动。中国的艺术环境是非常令我羡慕的。比如，7艺术区的旁边就是著名的中央美术学院；宋庄的艺术家们都生活在起，而且工作室的空间都很大，等等。日本的美术大学的毕业生，正能成为艺术家的只有10%左右。听到这件事，一些中国艺术家表吃惊，在他们看来美院毕业后成为艺术家是一件理所当然的事情。

M：宋庄那样的艺术家聚居区只有日本没有吧，据我所知，东南亚美国的很多地方都有一些艺术聚落。而且，艺术家们每次都会选址一个较为偏远便宜的地段，随着艺术家的聚集，该地区的地价上涨之后艺术家们就不得不迁出，再寻找下一个可以使用的艺术聚落了。另外中国的艺术家们似乎更重视人脉的建设，更容易聚集在一起。日本艺术家们平时是不会聚在一起的吧。 B：确实是这样的，中国的艺市场也比日本要活跃。日本的艺术家们即使一起举办艺术展，作品出去也是不容易的。

M：让我们聊聊东京吧，如果用一个词来概括东京，您会选择什么呢？ B：虽然非常不好意思讲出来，但我还是会用"憧憬"这个词概括东京。

M：东京对您来说意味着什么？ B：嗯，我没有长居过东京。一般是乘夜行巴士出发，一早抵达东京后，就能看到很多新奇的事物和人我觉得东京这个名词就涵盖了很多复杂的意义。我对东京的"憧憬"即使是现在依然很强烈。

M：西洋美术关注人体，中国美术关注山水，日本美术关注树木和秋草。这是美术领域经常拿来概括西方美术和中日美术关系的一句话，这似乎也可以概括您的艺术呢。最初是从西洋美术的人体开始进入艺术领域的，然后就用日本美术最具代表性的媒材——木材，来表现中国美术的核心主题——山水。B：这样说起来，的确是呢（笑）。第一次被人这样概括。

M：除了看展览，您来东京还做些什么呢？B：去逛东京的登山用品商店。

M：东京的神田附近？B：是的，你知道得挺清楚的。

M：说起体育用品商店和古书街，神田是最有名的。您会在东京住几天吗？B：以前会在朋友家住几天，现在因为工作，总是当天就坐夜行巴士回名古屋。

M：您在东京举办个展的时候呢？B：因为很早就定下了展览的时间和场地，我去东京看过几次展览的场地，然后根据展览场地开始制作作品。最后把作品的陈列图发给布展的工作人员。

M：一张对您影响最大的专辑？B：最近听了不少音乐，迷上了“从未年轻的海滩”（Never Young Beach）这支日本乐队。上上周，我刚和朋友去听了他们的户外演唱会。

M：最后想要您分享自己收藏的三件物品。B：我可不是一个会收集东西的人……我的工作室里总是会放一个“剑玉”，每次制作作品的间隙，我会玩“剑玉”。我手里有七八个日本老字号的店铺贩售的“剑玉”。我去中国举办展览的时候，还会送给我的中国朋友。另外，我比较喜欢收集一些与创作相关的工具。最近，我对新买的送风机感到非常满意。雕刻木头的时候，送风机可以把上面的木屑很快地吹干净。最后就是登山用品了。

3

4

5

1.《不变的地平线》在传统和室进行展示时的设计图
2.《不变的地平线》在传统和室进行展示时的照片
3—5. 柄泽健介在东京的展览

HIROKO UEHARA: FROM BUDDHARU TO MODERN ART

上原浩子：从“佛像”到当代艺术

撰文 / 采访 _Platinum 供图 _ 上原浩子

青年女性艺术家上原浩子生于1985年，群马县人。2010年取得了京都市立艺术大学的学士学位，2012年取得硕士学位。上原浩子毕业的京都市立艺术大学是日本五大公立艺术大学之一。该校的历史上溯至1880年，草间弥生等国际知名的日本艺术家都毕业于这所具有百年历史的老牌艺术大学。

上原的作品以诡谲妖艳的立体人形为主题，作品中充溢着独特的生命感。这些人形作品常以不完整的、断片的形态被塑造出来，大多数情况下，上原会把一些植物的造型特征、佛像安稳平和的表情加入进去，令作品充满奇想。

作为一名居住于关西地区的艺术家，上原面对“东京”有自己的打开方式。如果拥挤的东京不适合作为日常生活和艺术创作的空间，那么把东京当作一个适宜远游的娱乐都市，未尝不是另一种选择。

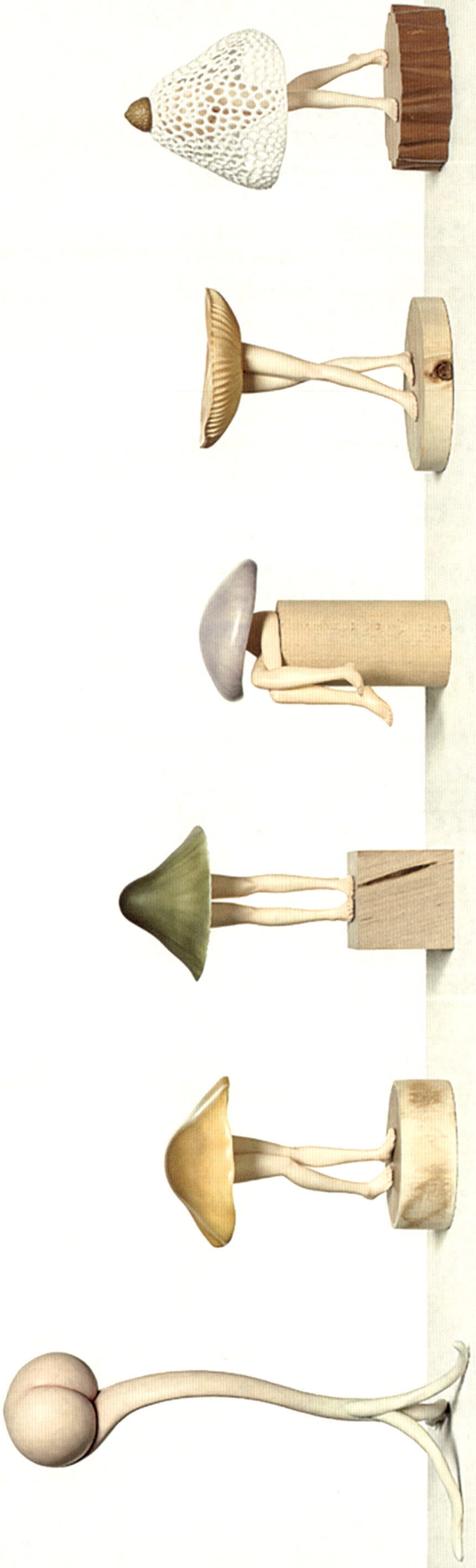

摩登天空（以下简称 M）：自京都市立艺术大学毕业之后，作为一名青年艺术家，您目前的生活状态大概是怎样的呢？上原浩子（以下简称 S）：我签约了大阪的一家画廊，平时不仅从事艺术创作，也打些零工，主要是一些靠双手完成的工作，比如画一些主题公园里的壁画。

M：听起来很有意思。不过，毕业的时候下定决心成为一名艺术家其实是需要勇气的吧。S：我原本就没有找一份正式的工作安定下来的打算，也不是一开始就下定决心成为艺术家。读研究生的时候，我租了一间画廊，并在那里举办了一次个展。那个时候，我遇到了现在所属的画廊老板。有人经手出售我的作品，我也就顺理成章地成了一名职业艺术家。现在，就是抱着走一步算一步的心情在创作。

M: 您是怎么维持生活的呢？S: 主要是靠卖作品和打零工的收入。画廊老板是一位五十岁左右的叔叔，人非常好。我的作品都是他帮忙卖出去的。不过单靠出售作品其实还不足以维持生活。
之前，在台湾举办个展的时候，我所属的画廊和中国台湾的画廊合作，把我的作品从日本运到了中国台湾，筹备了一次很棒的展览，卖出去了很多小尺寸的作品。那些尺寸较大的作品一般标价在七十万日元到八十万日元之间。尺寸较小的作品，大约是五万日元。在中国台湾举办个展的时候，因为需要考虑国际运费，所以作品的价格稍微提高了一些。即使如此，一是国际运费太高，二是卖出去的都是小型作品，所以两家画廊都没有从中盈利。我也没有拿到多少回报。完成一件作品一般会花费两个月时间，日本大学生毕业的月薪最低是二十万日元，从作品所耗费的时间来看，我也挺平价的（笑）。

M：村上隆、草间弥生都是国际知名的艺术家，是日本树立的艺术领域的偶像。因为和国际接轨，他们都是高收入的艺术家。我认为其他的大部分艺术家的作品，对日本国内的民众来说，是谁都可以消费得起的。记得两三年前，我曾陪朋友去看一个东京艺术大学的教授的展览，他的一件染织作品只卖了一万日元，着实令我吃了一惊。原来，国立艺术大学的知名教授的作品，也是我们这些普通人唾手可得的。S：是啊，除国际知名的大艺术家之外，

植物的造型特征是上原浩子作品中的重要元素

在日本，大部分的艺术家和其他职业没什么差距。大家基本以相似的收入，维持着各自的生活。从我周围的情况来看，大家对“艺术家”也没有另眼相看的习惯。我也只是从事着“艺术家”这个职业而已。

M：家和工作室会分开吗？ S：我其实非常希望能把生活空间和工作环境分开。很多艺术家会在家以外的地方租一间工作室，每天乘电车往返于家和工作室之间。不过，我为了节省移动时间和电车费，没有把家和工作室分开。如果没有打工，我会创作到凌晨，第二天也就起得晚了。那些还没有卖出去的作品占得空间过大，我会另外租一个工作仓库存放它们。

M：如果家和工作室在一起，做饭的空间就是创作作品的空间，我曾经遇到这样的艺术家。他们无意识地会把做饭当成创作作品，端出来的料理无论是造型还是味道都十分惊人。 S：我可是做不出令人吃惊的料理（笑）。不过，我喜欢进行各种各样的尝试。

M：您平时会听音乐吗？请推荐一张对您影响很大的唱片。 S：我想要推荐两张呢。GLAY的《团结的根源&家庭，离开》（*UNITY ROOTS&FAMILY,AWAY*）和BUCK-TICK的《末日纪念品》（*Mement Mori*）。影响谈不上，平时在乘坐电车或是创作的时候，我都会听他们的音乐。

M：您去东京的时候会听他们的演唱会吗？ S：当然，从我的老家群马出发，当天就可以往返东京。

M：会住在东京吗？ S：有时候。通常住在目的地附近的商务酒店。

M：如果不听演唱会，去东京做什么呢？ S：我也会去看自己感兴趣的展览，对我来说，去东京就像是外出散步一样。要是让我推荐东京的一个去处，一定还是上野吧。因为，美术馆大部分都聚集在上野。另外，我个人更喜欢庭院美术馆，那里的建筑非常有意思。

M：到了东京之后，您会看同时代的其他艺术家的作品吗？ S：不怎么看。我可能应该多关注一些同时代艺术家的作品吧。濑户内海艺术祭我倒是去看过，在自然景致那么棒的地方展示作品，我觉得创意非常棒。

M：请您用一个词来概括东京。 S：一个词可有点困难，我认为东京熙熙攘攘的，我会选择“拥堵”这个词吧。

上原浩子作品常以女性形象示人

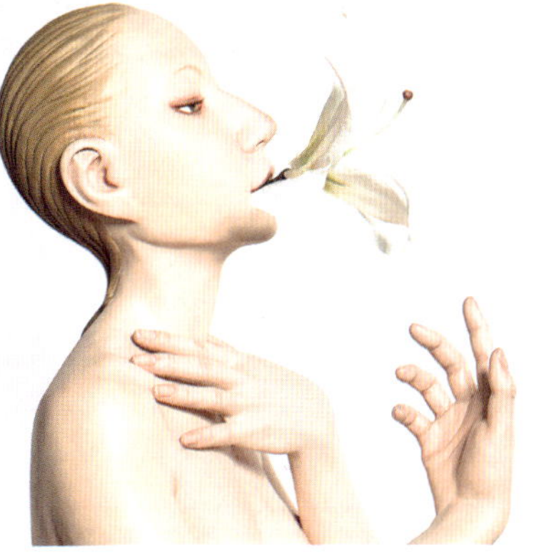

上原浩子的作品中充溢着独特的生命感

1. 上原浩子在工作中
2. 上原浩子工作室内景

M：原来如此，有时候会有人说起，以前东京在进行城市建设的时候，似乎没怎么好好规划过。这种堆叠和错综复杂的城市环境也成为东京的魅力之一。不过现在，东京正在为迎接 2020 年的东京奥运会做准备，东京的城市改造、升级计划已经在实施了。 S：和京都比起来，东京的城市建设确实没什么规则。

M：您的作品是单纯为了欣赏而存在的，还是怀着信仰而创作的呢？是用来膜拜的偶像吗？一般来说，怀着信仰创作出来的东西比起当代艺术要更为细致。为了观赏创作的东西一般关注的是展示方式，有些雕塑作品只有正面完成度比较高。日本以前的佛像都是佛师创作的，他们怀着信仰心，360 度无死角地对自己所雕琢的佛像施以细致的装饰。 S：我确实是为了大家欣赏而创作的，不过我更希望大家看到我的信念。

M：您作品中那些近乎神经质的细节非常吸引人，您的创作工序是？ S：我创作一件作品的时间大概在一到三个月之间。最初，我先完成等比例的素描，然后根据素描用黏土塑造出我的作品。这些素描我都保留着，举办展览的时候我也会展示一些画得好的素描草图。

M：您现在虽然做立体作品，但是您是从油画系毕业的。这个巨大的转变是怎么发生的？您是怎么转行的呢？ S：我一开始抱着换换心情的态度。大学三年级的时候，第一次尝试做了人形，发现这才是自己的创作语言。

M：原来如此。另外，请分享您的三件得意的收藏。作为一名艺术家，您平时都在收集什么呢？ S：我可没什么收藏，要说比较常买或是收集的东西，动漫手办以及恩田陆、森博嗣等人的小说吧。另外就是我喜欢收集一些小瓶子，比如一些小的洋酒样品的玻璃瓶。

M：今后有什么打算？ S：今年或者明年可能会有个展。M

耳朵长出藤蔓的女性，上原浩子的作品灵性十足。

MODERN ME
摩登蜜

ModernME

Modern ME

Modern ME

Modern ME
LOCALS ONLY
LOGAN
THE FISH SLAVE

Modern ME
LOOSE
meiji
SKATESHOP
PHORGUN